お客様の信頼を生む

これからの飲食店衛生管理の教科書

中島孝治・神宮司道宏・石井住枝 著
一般社団法人 これからの時代の・飲食店マネジメント協会
山川博史 監修

同文舘出版

はじめに

本書を制作していた２０２０～２０２１年は、飲食店に関わっているすべての人が新型感染症に翻弄され、将来への不安を抱えながら様々な決断と選択を迫られ、一生記憶に残る体験のど真ん中にいます。たくさんの飲食店が撤退や廃業を決断する中で、どうにか生き残りをかけ多額の借入を実行し、スタッフの雇用を守るため必死にあらゆる改革や行動を取り、今までに体験したことのないテイクアウト・デリバリー・通販・異業種への挑戦など新たな事業のポートフォリオの構築に果敢に挑戦しています。

その事業者の姿と情熱は、関係者やスタッフのみならず、日頃からお店を応援してくれているお客様にも元気と勇気を届けていることでしょう。

飲食業に関わる皆さんの資質はエネルギーにあふれ、前向き思考で行動力があり、アイデアが豊富な方がとても多い業界だと思います。しかし、その影響力は大きく、一転してマイナスの場合でも同じくらい、もしくはそれ以上に作用してしまいます。

飲食店で予測されるリスクは、金銭・人・災害（火事）・衛生に伴ういずれかの問題に分けることができますが、この中で日頃から注意を払い、スタッフ間で学び合い、取り組んでいかなければいけない最大の課題は、メニュー開発や売上の上げ方、金銭管理、接客サービスなどのスキル面だけではなく、取り返しのつかない人の健康や命に関わるものです。

人の命や健康に関わるものは、火災予防や防犯、機材の使い方など「正しい対策」があります。本書のテーマとなっている衛生管理についても同様です。

飲食事業に関わる一員として最も忘れてはいけない大切な心構えが、飲食店は人の口に入るものを商品として提供しているという「自覚」です。この自覚は、飲食店に関わるスタッフ全員が持っているべきものですが、当たり前のように習慣化できている店舗から、それほど意識せずに取り組んでいる店舗まで相当な格差があるのが現状です。

これまで、たまたま食中毒など店舗存続に関わる事故がなく運営をしてきた店舗では、新型コロナウイルスや２０２０年６月からのＨＡＣＣＰ義務化など、衛生管理の課題に直面する機会もなかったかもしれません。しかし、この必然とも言えるタイミングで、飲食店衛生管理についてチーム全体がまずは関心を持ち、少しずつ取り組んでいく意味は大きいと言えます。

ＨＡＣＣＰ義務化での罰則や罰金対策はもちろん、スタッフの意識の向上、事故リスクの低下、経営の精神的ストレスの緩和、店舗管理オペレーションの構築、顧客との信頼構築、優秀な人材の採用率向上、店舗ブランディングの構築など、予測できる範囲でも、飲食店が衛生管理に取り組むメリットはこのようにたくさんあります。

本書『これからの飲食店　衛生管理の教科書』は、日頃から学ぶのが苦手な幹部や社員の方々にも読みやすく、そしてわかりやすく理解できるように構成されています。まずはこの本を読むことで、飲食店の衛生管理に興味を持ち、自分たちはたくさんお客様から信頼され、お客様の健康や命を預かっている仕事に関わっているんだという自覚につながるきっかけとなれば幸いです。

そして、衛生管理面のリスクと心構えを備えた仲間たちとともに、たくさんのメリットを実感しながら、毎日感動と笑顔にあふれた飲食店から日本全体に元気を届けることができるよう頑張っていきましょう。

一般社団法人これからの時代の・飲食店マネジメント協会 代表理事　山川博史

『お客様の信頼を生む
これからの飲食店
衛生管理の教科書』

目次

1章 hygiene management

これからの飲食店に必須の衛生管理

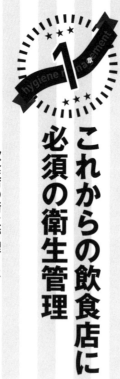

2章 最低限知っておきたい！食中毒の基礎知識

hygiene management

3章

小さな飲食店でもできる！ HACCP対策

4章 現場で実践！飲食店の衛生管理ルールと徹底

5章

5Sで習慣化！スタッフ全員で取り組む衛生管理

おわりに

カバー・本文デザイン・図版制作　荒井雅美（トモエキコウ）
企画協力・本文DTP　菱田編集企画事務所

hygiene management

1章

これからの飲食店に必須の衛生管理

1 飲食店の衛生管理とは？

飲食店の衛生管理の現状と課題

日頃、飲食店に関わる皆さんの基本的な行動方針として、よく耳にするのが「ＱＳＣ」です。Ｑは「クオリティ」で、ざっくり言えば、提供メニューの味や食感・ボリューム・温度・見た目などの品質のことです。Ｓは「サービス」で、店長やスタッフの接客のことです。そして、Ｃは「クレンリネス」で、店内・店外や厨房など清潔で衛生的な状態を保つことです。本書のテーマである「衛星管理」がこれに当たります。

最近の飲食店は、どこの店舗も競合店をリサーチし、業務改善に取り組み、飲食店接客コンテストなどに出場するなど他店と切磋琢磨する機会も増えてきて、飲食店のＱとＳは数年前よりも高いレベルに達しています。

一方、Cの部分はというと、お客様から見てわかりづらい側面があり、他店と比較する機会も少ないので、正しい基準がありません。それぞれの店舗で、日頃からルーチン化している作業が正しいと思い込むことが多く、担当しているポジションや経験などでクレンリネスと聞いて思い浮かべるポイントは違ってきます。

衛生管理のルールやマニュアルはあるものの習慣化されていなかったり、基準が曖昧なので、先輩方から引き継がれてきた独自の方法でやっていたり、非効率な作業になっている現場も多く見られるのが現状です。

正しい衛生管理の基準を学ぶことで、その曖昧さは解消され、自信を持って現場オペレーションに集中することができます。そして、後輩たちにも正しい衛生管理を新たな店舗文化として教えることができ、チーム皆で楽しく、気持ちよく衛生管理に取り組めるようになります。

そもそも、飲食店の衛生管理とは？

例えば、原材料が納品された際に、冷蔵庫に保管すべき食材を冷蔵庫へ納める作業は実施されています。放置すれば腐ってしまうことを誰でも知っているからです。

それでは、常温保管可能な食材はどうでしょうか？　床にポンと置いておく店舗が意外に多いのです。床から離れた保管場所を決めて、そこに保管することが習慣化されていません。

ここに、落とし穴があるのです。段ボール箱の底は雑菌の温床です。また、荷物の外側には害虫や微生物が多く付着しています。

このような日頃当たり前になっている習慣は個人の裁量に任されているケースが多く、衛生管理の基準やルールが店舗内で周知徹底されていないのが現状の課題です。


そもそも、飲食店における衛生管理のルールは、誰が、どのように決めたものなのでしょうか？

飲食店を始める際には、飲食業営業許可の取得が必要です。その監督者が保健所です。保健所は、地域住民の保健・衛生・生活環境等に関するサービスを実施する行政機関で、飲食店や食品販売、製造などの営業施設の許可や、監視指導、食品衛生に関する知識の普及・啓発を行なっています。

そして、食品の安全性の確保のために定められたのが、食品衛生法です。飲食によって生ずる危害の発生を防止するための法律です。

飲食店の衛生管理とは、**来店されるお客様に安心と安全（衛生面）を提供することが必須だと言えるでしょう。**

2章1項で詳しく説明しますが、食の安心・安全とは、設備などのハード面と、すべての従業者が守るべきルールのソフト面の両面から成立します。この両面の管理が実践されて初めて、「食中毒防止」につながります。

しかし、先ほど述べたように、飲食店での衛生管理は周知徹底されているとは言いにくい現状があります。こうした状況を改善すべく、2018年6月、実に15年ぶりに食品衛生法が大改正されました。

その内容は営業許可制度の見直しや食品リコールの報告義務化など多岐にわたりますが、中でも食中毒を限りなくゼロに近づけるために施行されたのが、HACCPに沿った衛生管理の義務化です。詳しくは、3章でお伝えします。

2 小さな飲食店も対象！HACCPの義務化スタート

すべての飲食店が対象となるHACCP

2020年から義務づけられた「HACCP（ハサップ）」導入は、飲食店において衛生管理の意識が高まる大きなきっかけとなりました。

2018年に改正・公布された食品衛生法等によって、原則、すべての食品等事業者にHACCPに沿った衛生管理の実施が義務づけられました。具体的には、衛生管理計画と重要管理計画を作成し、それらに沿って実行・記録・確認していき、衛生管理を「見える化」することが求められる制度です。

2020年6月からスタートし、1年間の猶予期間がありましたが、2021年6月1日から、すべての飲食店がHACCPを導入しなければなりません。

飲食店では日頃から衛生管理に取り組んでいるはずですが、国内で起こる食中毒事件の半数以上が飲食店で発生している事実があります。新型コロナウイルスによる感染症拡大防止策が取られるようになってから、各店しっかり対応しているはずですが、それでも食品関連の事故は後を絶ちません。

さらに、インバウンド需要の急増やオリンピック開催などのグローバル化の波により、国際基準に合わせた食の安全、衛生管理が求められたのもＨＡＣＣＰ導入の大きな要因となりました。

この制度では明確な罰則規定は設けられていませんが、営業許可の取得や更新時などに、ＨＡＣＣＰの義務化に対応できているかどうかチェックされる可能性があります。もし、ＨＡＣＣＰに沿った衛生管理を行なっていない場合には、営業許可書の更新ができないなどの罰則や罰金などの可能性がありますので、ＨＡＣＣＰに沿った衛生管理はすべての飲食店が無視できない状況にあるというわけです。

飲食店のＨＡＣＣＰ導入によるメリット

義務化となったＨＡＣＣＰの内容の詳細は3章で説明しますが、ＨＡＣＣＰは科学的検証による予防措置を実施する行動工程です。１００％ではないにせよ、その実施によって食中毒の防止は相当な確率で可能になります。

コロナ禍での対策も兼ねることになりますし、さらに、その実施を見える化することで、来店される**お客様の強い安全・安心**にもつながります。

また、ＨＡＣＣＰの実施は一人ではできません。店長を中心にスタッフのチーム力が必須の取り組みですので、その実施の中で、スタッフの人間力や場力が上がる仕組みができあがります。

つまり、ＨＡＣＣＰの実施によって、**チーム結成→役割分担と実行項目の共有→ＰＤＣＡ（計画・実行・検証&見直し・再実行のルーチン）→メニューや接客の創意工夫と実行→お客様へのアプローチの変化→売上アップ**という好スパイラルが生まれるようになるのです。

2020年6月26日に食料産業局食品製造課が公表した「令和元年度食品製造業におけるHACCPに沿った衛生管理の導入状況実態調査結果」によると、HACCPに沿った衛生管理の導入効果として、以下のような結果が挙げられています（複数回答）。

●品質・安全性の向上（85・7％）
●従業員の意識の向上（73・1％）
●企業の信用度やイメージの向上（55・2％）
●クレームの減少（45・4％）

品質や安全性の向上が実現されているのは当然のこととして、注目すべきは、従業員の意識や、お店の信用度やイメージのアップにもつながっているということです。また、導入への躊躇の原因となっていた資金面についての問題については触れられておらず、むしろ、コスト削減や負担軽減の効果があったという結果も少数ながら出ています。

この調査対象には中小飲食店だけではなく大手企業なども含まれてはいますが、総合的に見て、ＨＡＣＣＰを実行することは飲食店にとってよい成果が得られるということはイメージできると思います。

これは、面倒な作業とも言えるＨＡＣＣＰという取り組みを、強制されずに実施するという姿勢（心構え）が大きな要因だと思います。

今回の食品衛生法改正で、ＨＡＣＣＰは取り組まなければならない法的義務となりましたので、意識の高いお店へと進化できるチャンスとも言えるでしょう。

3 hygiene management

今こそ飲食店の衛生管理が必要な時代

Withコロナで高まった衛生管理意識

2020年、世界中を席巻した新型コロナウイルス。未知の感染症というモンスターの出現により、業績はどの業界も軒並み前年割れ状態から脱却できていません。前年割れで済めばまだよいほうで、飲食店での感染が危険であるかのような偏重報道も相まって、飲食業界はとりわけ影響を大きく受けました。倒産件数も他業種に比べて多く、廃業するお店は増加する一方です。

もちろん、飲食店も感染症対策として、様々な取り組みを始めました。消毒液の設置、マスク着用はもちろんのこと、テーブルごとにアクリルパーテーションで区切ったり、席の間隔を開けたり、電子マネースタイルに切り替えたり。これまで店内での提供のみだったお店もテイクアウトやデリバリーを始めたり、通販や事前食券購入制度などを取り入れたり。各店、国や都道府県からの営業時短要請に応えながら、必死に活路を見出そうとしています。

こうした状況の中、飲食店における衛生管理の意識はかつてないほど高まっており、**ワンランク上のレベルの衛生管理が求められている**と言えるでしょう。

ワンランク上の衛生管理とは？

ちょうど新型コロナウイルスの影響が出始めて、第一波の緊急事態宣言が出された2020年4月頃、支援させていただいていた飲食店の事例をお話ししましょう。

その飲食店は、2021年6月にHACCP義務化が完全施行となる以前から、「HACCPの考え方を取り入れた衛生管理」の計画書作成や実施を始めました。

この機会にワンランク上の衛生管理をすることが、新型コロナで離れかけているお客様への重要な対策にもなるということをお伝えし、まずは消毒液の各所への設置、フェイスガード着用、パーテーション（アクリル板等）設置やソーシャルディスタンスによる座席の配置、通常清掃に加え、よく触れる箇所の拭き取り清掃などから取り組んでもらうことにしました。

しかし、当時はそうした対策を実施していた店舗は少数で、店長はじめスタッフからは「そんな時間と費用はない」という声があがりましたが、コロナ対策をできる範囲で実施し、かつ、その実施状況を見える化しました。

見える化というのは、例えば、レジ横前に衛生管理の記録をカレンダー形式にして掲示したり、衛生管理が行き届いた店であることをＳＮＳや客席のＰＯＰなどでお客様に発信したのです。すると、一定の効果がジワジワと現れ始め、売上が前年比60％まで下がっていた状態から前年比１００％以上に復活していったのです。

この事例のお店は、ＨＡＣＣＰ義務化のために衛生管理に取り組み始めましたが、現在は新型コロナウイルスによって、飲食店の衛生管理の意識はこれまでで一番高まっていると言えるでしょう。

今は各省庁、各自治体から業界別に感染症対策のガイドラインブックが出ていますが、まずはこれをしっかり実施するだけでも、ワンランク上の衛生管理のきっかけとなるでしょう。

お客様は黙っていてもよく見ています。こうした衛生管理への取り組みが、リピートにもつながっていくはずです。

4 hygiene management

withコロナ時代でも生き残る飲食店になるために

徹底した衛生管理がお客様へのアピールになる

衛生管理の徹底を見える化することはお客様に安心を与え、お店の集客や売上にもつながっていきます。

衛生管理重視の店舗は前年比の売上減少割合が少ない、あるいは前年比維持もしくは前年比以上の結果を出しています（当然、衛生管理以外の取り組みが掛け算されての結果ですが）。

ところが現場では、今の衛生管理で十分で、高いレベルの衛生管理を実施したところで売上に直結しないという感覚のお店がまだまだ多いように思います。

確かに、飲食店の衛生管理は目に見える対策ばかりではなく、お客様からは見えない厨房を中心とした食中毒予防対策もあり、売上に直接結びつくとは考えにくいかもしれません。しかし、ワンランク上のレベルの衛生管理であれば、その実践をしっかりお客様に見える化することでお客様の安心につながり、十分お店のアピールにもなるのです。

厚生労働省の発表によると、２０２０年は、インフルエンザの患者数が例年に比べ異例の低水準になっており、例年の１００分の１ほどということです。同省は、手洗いやマスク着用といった新型コロナウイルスの感染防止策が背景にあるとの見解を示しています。

衛生管理の徹底で食中毒防止が今まで以上に精度が上がることはもちろんのこと、ワンランク上の衛生管理の実施と、それを店内・店外で見える化（アピール）することで、コロナ禍においてもお客様に強烈な安心を提供できるのです。

新型感染症対策をチャンスと捉えて、本書の内容をヒントに、ワンランク上の衛生管理を実践していきましょう。

hygiene management

2章

最低限知っておきたい!食中毒の基礎知識

1 感染症と食中毒の基本

まずは飲食店の危険要因を把握しよう

コロナ禍の中で、「感染症対策」という言葉をよく聞きます。「感染症対策を行なっていれば食中毒は防げる」と考えている方も多いようですが、それは正解ではありません。「感染症」と「食中毒」は違います。ウイルスや菌の感染経由の食中毒もあれば、感染経由しない食中毒もあります（次ページ図参照）。

飲食店で働く立場としては最低限、次の3つのポイントを押さえておきましょう。

❶感染症と食中毒の違い

「感染症」と「食中毒」の決定的な違いは、伝播方式の違いです。人や動物から伝わった

図1 HACCPの管理範囲

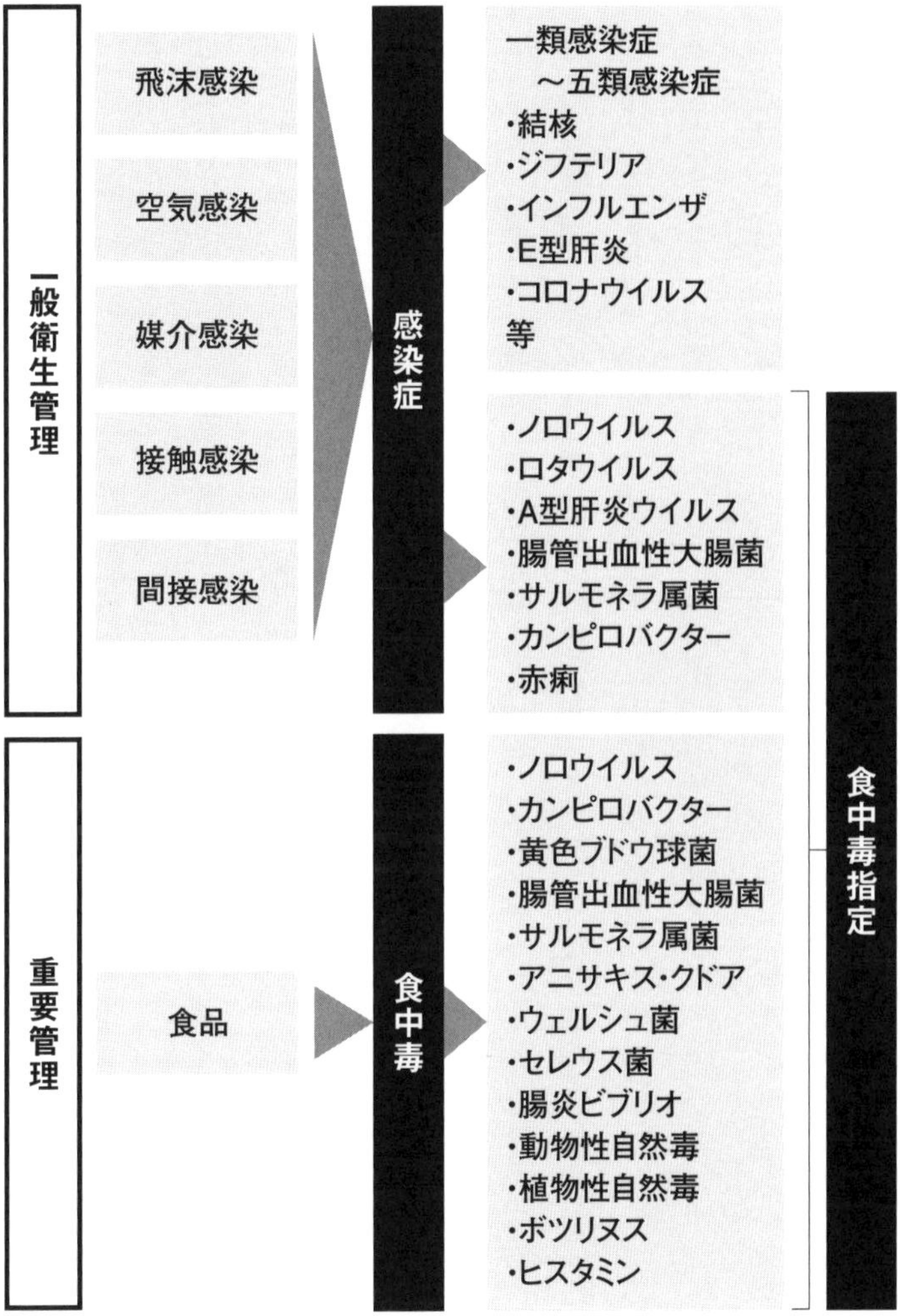

一般衛生管理
飛沫感染
空気感染
媒介感染
接触感染
間接感染
感染症
一類感染症
～五類感染症
・結核
・ジフテリア
・インフルエンザ
・E型肝炎
・コロナウイルス
等
・ノロウイルス
・ロタウイルス
・A型肝炎ウイルス
・腸管出血性大腸菌
・サルモネラ属菌
・カンピロバクター
・赤痢
重要管理
食品
食中毒
・ノロウイルス
・カンピロバクター
・黄色ブドウ球菌
・腸管出血性大腸菌
・サルモネラ属菌
・アニサキス・クドア
・ウェルシュ菌
・セレウス菌
・腸炎ビブリオ
・動物性自然毒
・植物性自然毒
・ボツリヌス
・ヒスタミン
食中毒指定

り、保菌者が触ったもの（ドアノブ等）に触れたりして、体内にウイルスや菌が持ち込まれるのが感染症、飲食物から伝わるのが食中毒です。ですから、ウイルスや菌の種類で「感染症」と「食中毒」に分類するものではありません。

例えば、腸管出血性大腸菌の保菌者がドアノブを触り、そのドアノブを介して感染する間接感染で発症した場合は「感染症」の位置づけで、汚染された生肉を食べて発症してしまった場合は「食中毒」の位置づけになります。

また、厚生労働省が食中毒として指定しているものだけを食中毒と言うので、指定外のコロナウイルスや日本脳炎にかかっても食中毒とは言いません。

ウイルスの中で食中毒に指定されている例としては、ノロウイルスがあります。ノロウイルスは、空気感染で発症すれば感染症、料理を介して発症すれば食中毒として医学的には区別してはいるものの、実際にノロウイルス食中毒が発生した飲食店では、スタッフの検便検査によりスタッフの便からノロウイルスが検出されれば食中毒と指定され、空気感染なのか食事を介してなのかは不明の状態のままで食中毒と断定されます。それは、健康衛生上（厚生上）ノロウイルスが食中毒に指定されているためです。

コロナウイルスもインフルエンザもノロウイルスもウイルスなので、感染・伝播方式は

図2 ｜感染症と食中毒

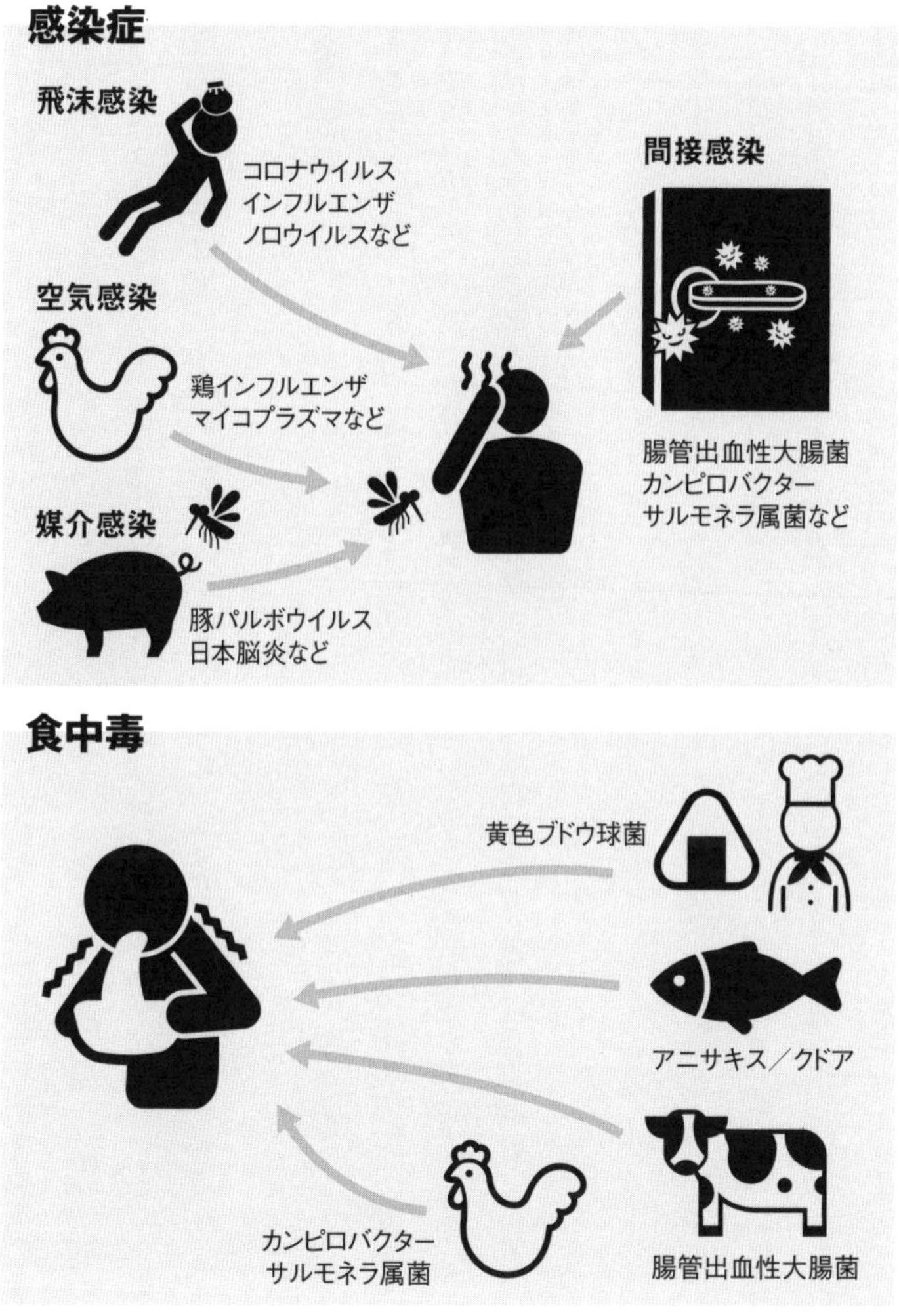
感染症
飛沫感染
コロナウイルス
インフルエンザ
ノロウイルスなど
空気感染
鶏インフルエンザ
マイコプラズマなど
媒介感染
豚パルボウイルス
日本脳炎など
間接感染
腸管出血性大腸菌
カンピロバクター
サルモネラ属菌など
食中毒
黄色ブドウ球菌
アニサキス／クドア
カンピロバクター
サルモネラ属菌
腸管出血性大腸菌

同じです。「感染症対策」は、飛沫感染、空気感染、媒介感染、接触感染、間接感染の感染経路の対策のことを指します。ですから、「感染症対策」と「食中毒対策」を両方行わなければならないわけです。HACCP基準の導入において、「感染症対策」を「一般衛生管理」、「食中毒対策」を「重要管理」と位置づけると理解しやすくなるでしょう。

❷食中毒の種類

食中毒を防ぐには、食中毒を知ることが重要です。次ページの食中毒の種類一覧表では、飲食店として必ず押さえなければならないものをピックアップしました。

食中毒は、大きく分類すると、**「ウイルス」「細菌」「寄生虫」「毒」「化学物質」**の5つに分類されます。

食中毒に指定されているウイルスは、ノロウイルス、ロタウイルス、アデノウイルス、アストロウイルス、A型肝炎ウイルスなどがあります。細菌や寄生虫は種類・数が多いのですが、本書では飲食店でよくある種類に絞って説明していきます。毒は、動物性自然毒と植物性自然毒を中心に説明します。化学物質は、ヒスタミンの他に食品添加物や残留農薬など種類も多いのですが、現場で気をつけるものとしてヒスタミンを取り上げます。

図3　食中毒の種類

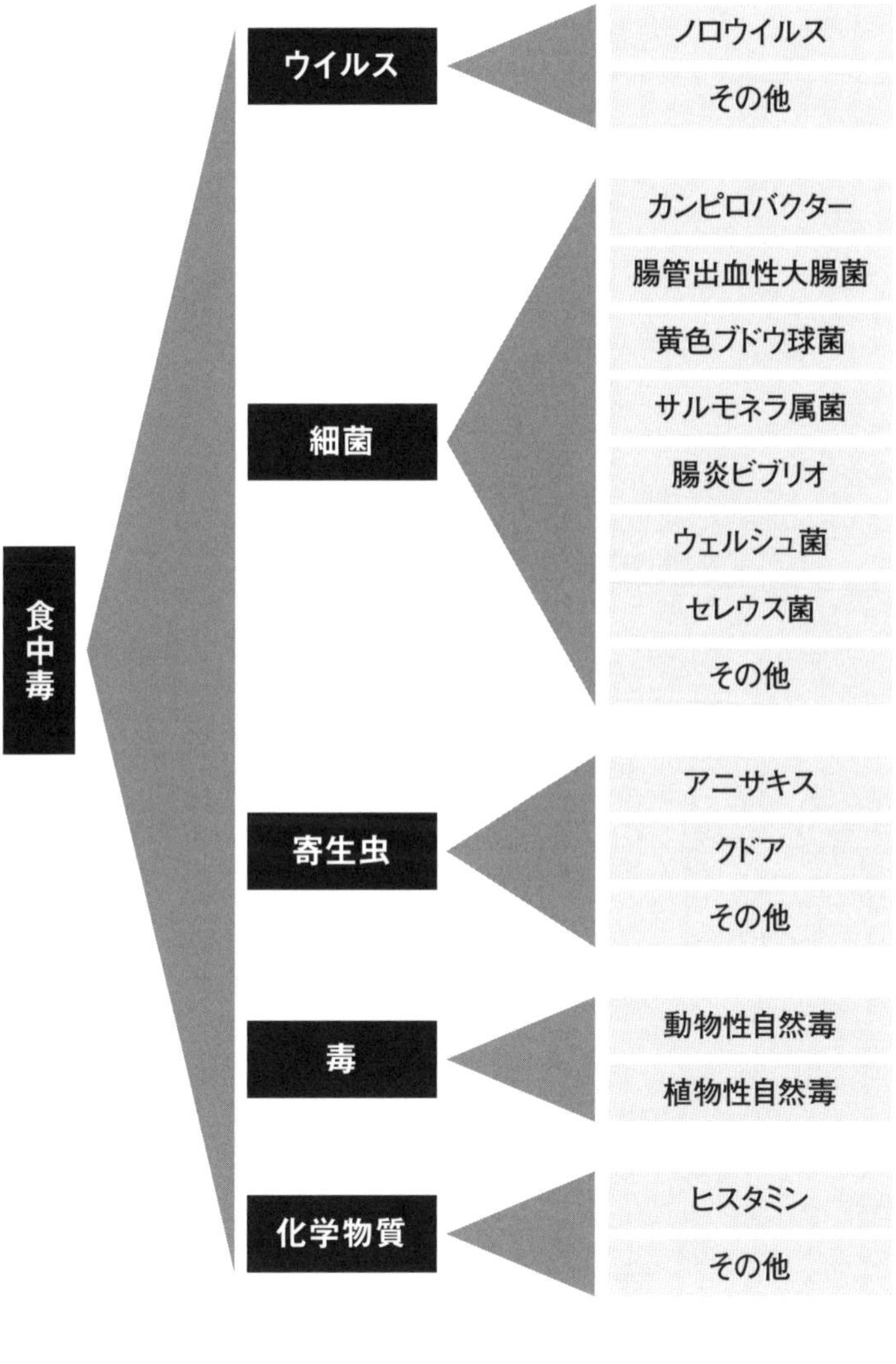
食中毒
ウイルス
ノロウイルス
その他
細菌
カンピロバクター
腸管出血性大腸菌
黄色ブドウ球菌
サルモネラ属菌
腸炎ビブリオ
ウェルシュ菌
セレウス菌
その他
寄生虫
アニサキス
クドア
その他
毒
動物性自然毒
植物性自然毒
化学物質
ヒスタミン
その他

図4　過去20年間の食中毒発生件数

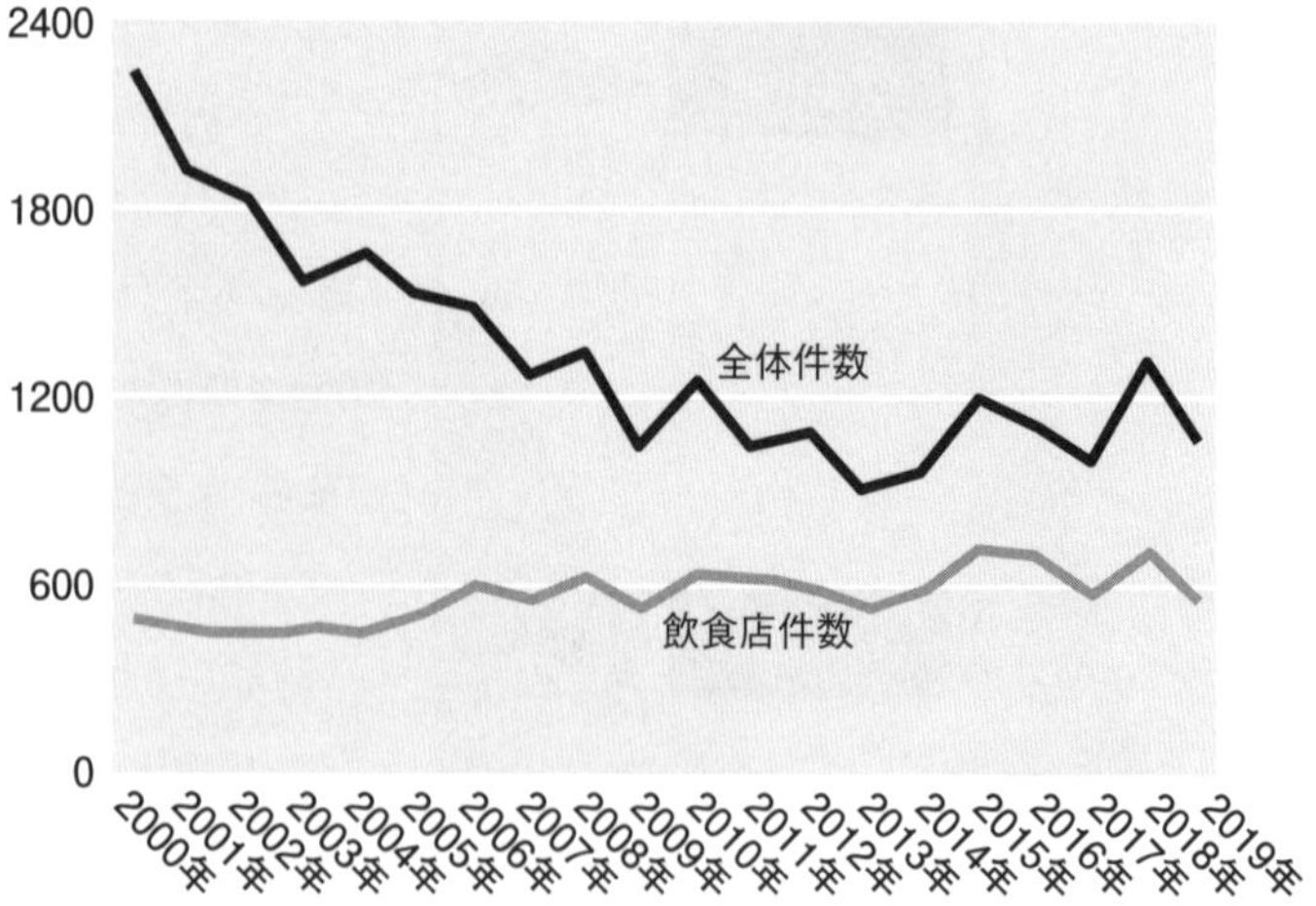

❸食中毒を防ぐには食中毒を知る

毎年、多くの患者を出している食中毒。この20年間、全体ではその件数と患者数は、ずいぶんと減少してきました。２０００年の国内食中毒件数２２４７件（患者数４万３３０７人）が、２０１９年には件数１０６４件（患者数１万３０２２人）と半減しています。

飲食店での食中毒状況は、どうでしょうか？　２０００年の飲食店での食中毒発生状況は、件数４９７件（患者数１万２４４８人）、それが年々減るどころか若干増加しており、２０１９年は件数５８０件（患者数７２８８人）です。２０００年の国内食中毒に

図5 2019年 食中毒の発生件数と患者数

2019年 食中毒の発生件数

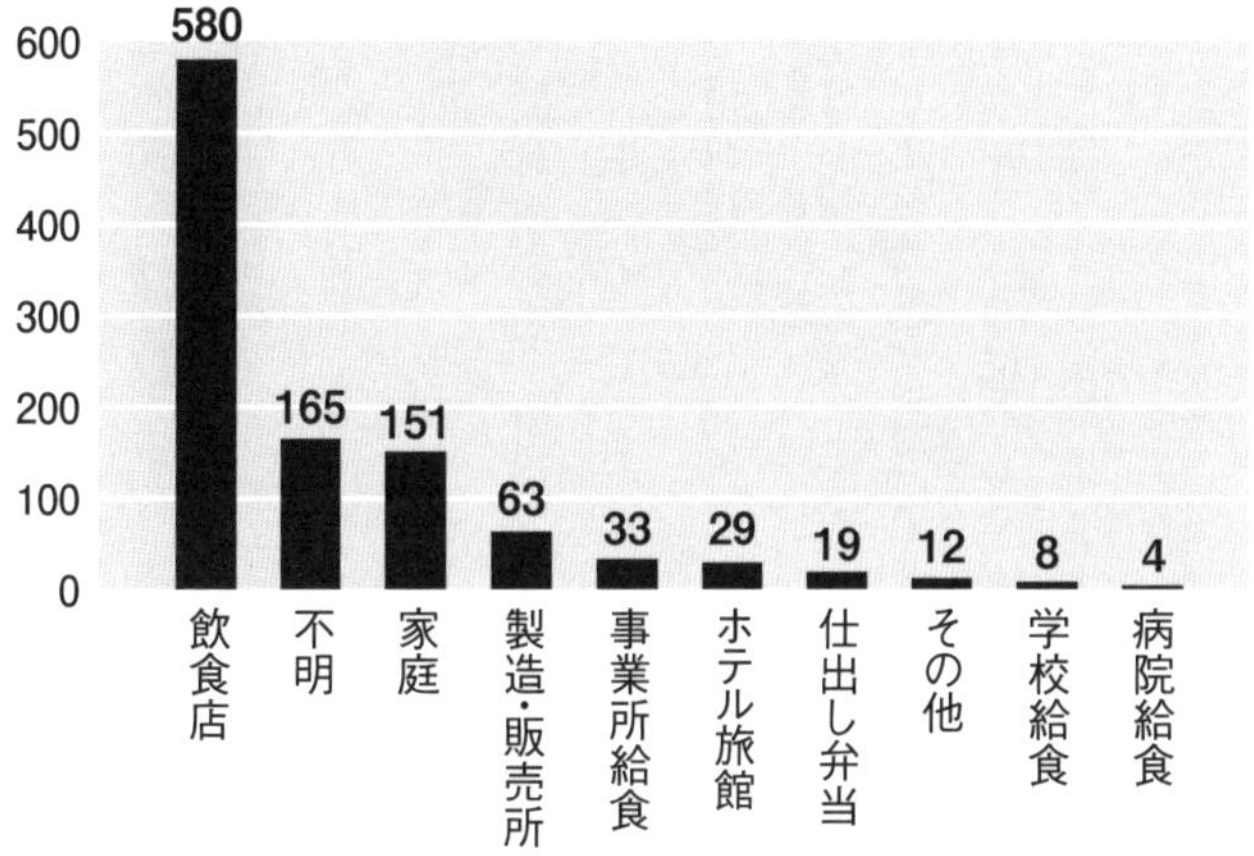

2019年 食中毒の患者数

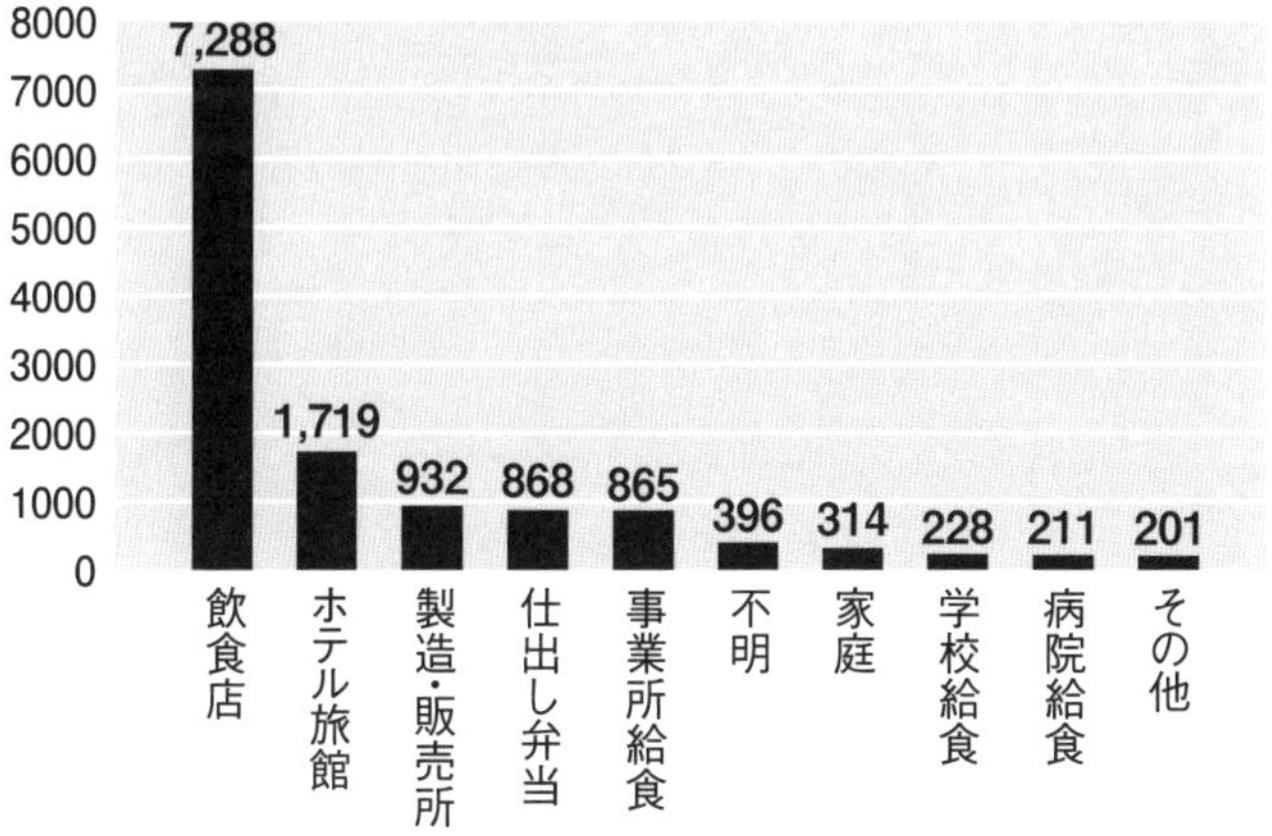

おける飲食店事故率は22％程度しかなかったのに、２０１９年には55％にもなっています。いまや「国内食中毒の半分以上が飲食店で発生している」という状況です。

２０１９年の食中毒件数と患者数を場所別棒グラフ（前ページ）で見ると、厚生労働省が飲食店に食中毒防止の策を講じたくなるのもよく理解できます。「飲食店は数が多いから仕方ない」と考えがちですが、全国世帯数が５５００万世帯で、飲食店67万軒の80倍ということを考慮すれば、やはり飲食店での食中毒件数は見逃せません。

食品工場や給食事業などでは、衛生管理の基準と意識が高いことはご存じだと思います。これは、長年にかけてその基準と意識が向上してきたからです。食中毒は、食中毒のことを知らなければ絶対に防ぐことはできません。食中毒を出してしまえば、営業停止などの処分は避けられません。また、そうした評判が拡散するのがとても速い時代です。信用を取り戻すことは容易ではありません。自身や従業員とその家族を守るためにも食中毒の知識を身につけなければならないのです。

保健所の食中毒の基本指導方針は「**つけない**」「**増やさない**」「**やっつける**」です。非常にシンプルですが、これで食中毒は防げます。本来の意味は、「つけない＝何の食材に、何という菌や虫がついているのか？　その菌はどうやって他に移るのか？」「増やさない

図6 食中毒クイズ

Q1.鶏肉の菌がついていない部位はどこですか?

Q2.菌は、100℃加熱処理で死滅する?

Q3.仕入食材を調理せずに提供する場合、責任はどこにある?

Q4.加熱調理後すぐ食べれば、黄色ブドウ球菌食中毒にはならない?

Q5.朝〆鶏ささみ、3日間冷蔵庫に眠った鶏ささみ、タタキのうち、リスクが高いのはどれ?

A1. 鶏肉には、すべての肉にカンピロバクター菌が付着しています。
A2. 100℃では死滅しない→動物性・植物性自然毒、ウェルシュ菌、セレウス菌、増殖してしまった黄色ブドウ球菌の毒素。
A3. 提供した飲食店。
A4. 仕込みの段階で増殖して毒素が出てしまえば、その後加熱調理してすぐに食べても防げない。
A5. どれもリスクは高い。鮮度がいいほうが菌も元気でもっと高い。

＝増える温度や環境が菌ごとに違うことを理解しなければならない」「やっつける＝やっつけられる菌のそれぞれの温度、やっつけられない菌が何かを知る」ことです。

ところが、「最後の加熱処理で菌が死ぬと思っている」などの知識不足が原因で、多くの食中毒が発生しています。国の決まりだからといって形式だけのＨＡＣＣＰに沿った衛生管理に取り組んでも、食中毒を未然に防ぐことはできません。ワンランク上の衛生管理を実行するためには、まずは食中毒の基礎知識を身につけることが必要なのです。

hygiene management 2

ノロウイルス

患者数No.1

食中毒の中で患者数が一番多いのがノロウイルスです。２０１9年直近3年平均では、年間発生件数２３５件、患者数８１５４人と、全食中毒患者の約半数を占めています。ノロウイルスによる食中毒の7割以上が飲食店で発生しています。1店舗あたり平均患者数が約25人と集団性が高く、原因追究が非常にしやすいのが特徴です。

汚染された2枚貝、牡蠣が原因とよく言われますが、患者の9割以上は、人からの感染によるものです。人糞が下水を通り下水処理場に行く間にウイルスが漏れ、河川を流れて海にたどり着き、２枚貝や牡蠣がそれを吸収して汚染されるので、元をたどれば人体内ウイルスです。日本全国の牡蠣生産は、出荷前のウイルス検査を実施しており、基準値より

図7 ノロウイルス

症状　：嘔吐（突発性嘔吐）・下痢・嘔吐
原因　：空気感染、間接感染
潜伏期間：24時間〜48時間
殺菌温度：85℃1分
注意事項：・次亜塩素酸ナトリウム200ppmで拭き取り清掃
（アルコールでは、完全な殺菌できない）
・空気の定期的な入れ替え
・お客様が触るところの徹底拭き取り
・従業員が触るところの徹底拭き取り
・嘔吐処理には、嘔吐処理キットを使用し、空気入れ替え

過去3年間平均	全国		飲食店		飲食店事故率	1店舗あたり平均患者数
	件数	患者数	件数	患者数		
ノロウイルス	235	8,154人	168	4,209人	71.5%	25.1人

2019年 ノロウイルス月別件数

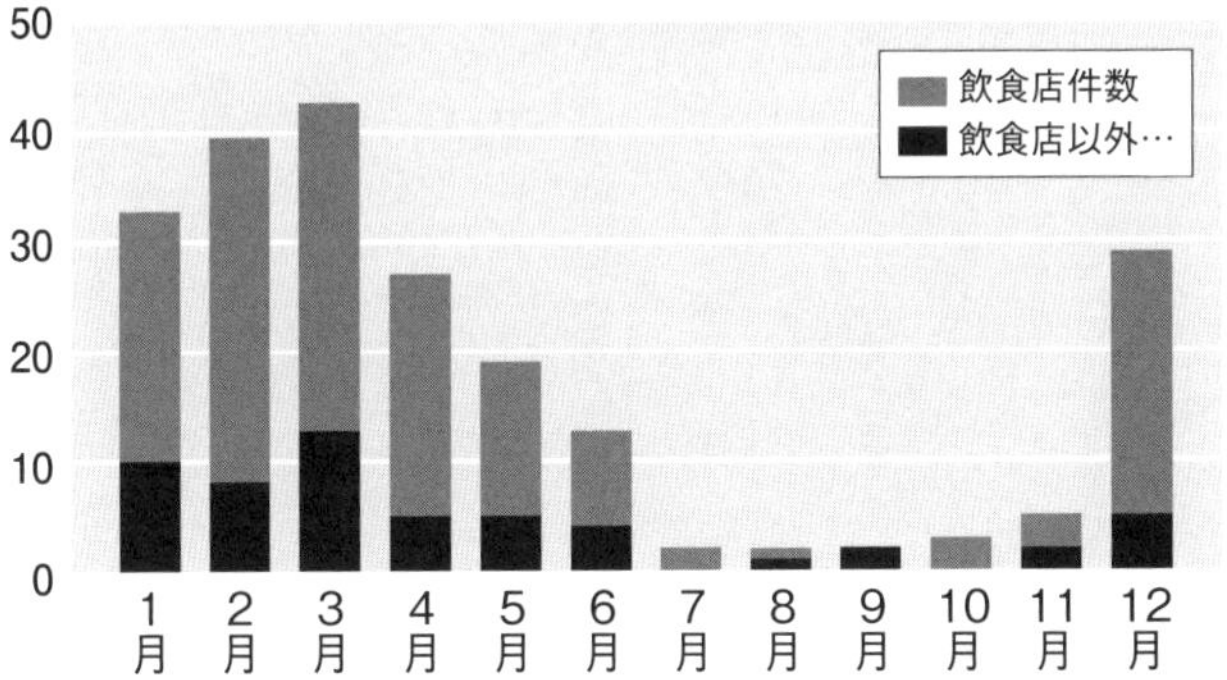

異常値となれば出荷が止まる仕組みになっています。ですので「牡蠣が危険」という概念は、今はあまり該当しません。

●感染源

飲食店で発生するノロウイルスの感染ルートは、次のケースがほとんどです。

①飲食店にノロウイルスを持ち込むのは、従業員、業者、お客様の誰かになります。

②持ち込まれたウイルスは、よほど空気の入れ替えが頻繁なところでなければ滞在し、飛沫感染、空気感染、間接感染し、店内のお客様・従業員へ無差別に感染します。

③24～48時間でノロウイルスの症状が現れ、病院でノロウイルスの感染が診断されると、患者の共有した場所からクラスターの場所が特定されます。

④病院は、ノロウイルス患者の状況を保健所へ届ける義務があります。

⑤保健所は、特定された飲食店に検査に出向き、スタッフの検便検査を実施します。

⑥スタッフの検便からノロウイルスが検出されれば、行政処分となります。

●流行る時期

ノロウイルスは、インフルエンザウイルスなどと同様、冬に暴れ出し、空気感染します。東京都内で流行れば、通勤電車で各地方に、新幹線や飛行機で主要都市に流行りを運びます。

●症状

嘔吐・下痢・腹痛。ノロウイルスの嘔吐は、突然強烈に起きるのが特徴です。幼児や高齢者がノロウイルスに感染した場合、嘔吐物が喉につまって死亡した事例もあるため、横向きに寝かせることが必要です。通常、1〜2日症状が続いて治癒し、後遺症もありません。感染しても軽度で、風邪と間違える場合もあります。症状が治まっても2週間程度保菌者状態となるため2次感染に気をつけなければなりません。現在、予防接種も抗ウイルス剤もありません。なお、下痢止めは回復を遅らせるため摂取しないことが賢明です。

●行政処分

ノロウイルスだから何日、何人の患者だから何日の営業停止という決まりはありません。67人の患者で3日間の営業停止処分もあれば、13人で営業禁止処分の場合もあります。

●ポイント

・手が触れるところの徹底消毒　・空気感染を防ぐための弱酸性時亜塩素水などの空間噴霧　・空気の入れ替え　・徹底的な手洗い　・特に嘔吐処理は、換気のよい環境で嘔吐処理キットなどを使用すること

3 hygiene management

カンピロバクター・ジェジュニ

飲食店での事故件数No.1

飲食店で発生する食中毒件数№1が、カンピロバクター・ジェジュニです。2019年直近3年間の平均では、年間309件中、飲食店発生254件、1店舗あたりの平均患者数6・5人、飲食店事故率は8割以上と非常に高くなっています。20年前まではカンピロバクターの飲食店での発生は少なかったのですが、近年ぐんと伸びてきました。以前は、原因不明の場合も多かったためです。

カンピロバクター菌は、牛・豚・鶏の腸管内に生息していますが、近年の調査では、とりわけ飲食店での鶏肉が原因である場合が多いということが、結果としてわかってきました。最近では、カンピロバクター食中毒患者への調査は、直近の鶏料理に的が絞られま

図8　カンピロバクター/ジェジュニ

症状　：下痢・発熱・嘔吐
原因　：鶏、牛、豚、ほ乳類の腸管内、ペットの犬・猫
鶏肉はカンピロバクター汚染率40%以上
潜伏期間：24時間～7日間
殺菌温度：75℃ 1分
注意事項：
- 鶏肉の生・半生提供は絶対ダメ
- 芯温計を使い、芯温を計る
- 焼き鳥などは、触って弾力を確認する
- 冷凍肉は、事前解凍しておく
- 手洗い徹底、まな板・包丁・菜箸をすぐに洗浄・消毒

過去3年間平均	全国		飲食店		飲食店事故率	1店舗あたり平均患者数
	件数	患者数	件数	患者数		
カンピロバクター／ジェジュニ	309	2,126人	254	1,640人	82.2%	6.5人

2019年 カンピロバクター月別件数

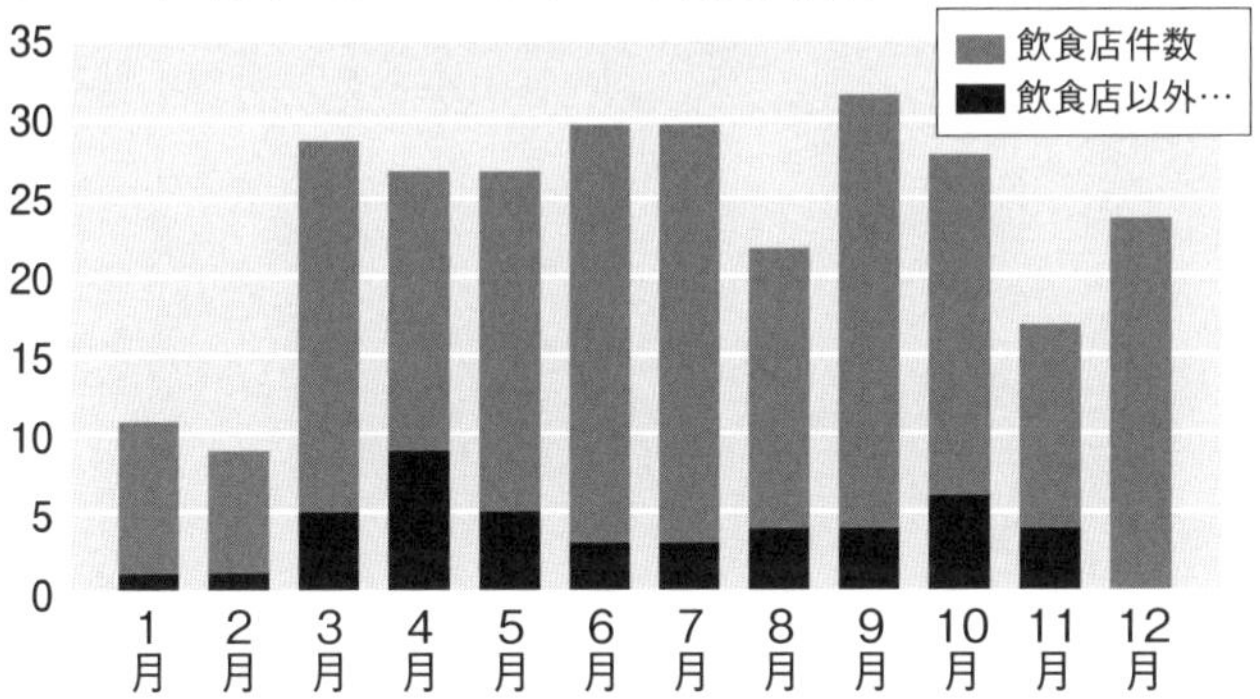

す。

●感染源

厚生労働省統計では、2019年の飲食店でのカンピロバクター食中毒241件のうち90件の原因料理に鶏肉（鳥刺し、白レバー、鶏タタキ等）と明記されています。スーパー等市販の胸肉・モモ肉等、鶏の生肉はいずれもカンピロバクター汚染率45％以上です。日本の鶏と殺で、鶏の内臓菌（カンピロバクター）が鶏肉につかない加工はほぼ不可能です。

カンピロバクター菌は75℃1分以上の加熱でなければ死滅しません。冷凍鶏つくねをちゃんこ鍋で提供し、集団食中毒になった事例もあります。カンピロバクター菌は、真空パックマイナス20℃でも1カ月以上死滅しないので、中まで火を通すために、前日冷蔵庫に移して解凍するなどの工夫が必要です。

●流行る時期

カンピロバクター・ジェジュニが流行るのは、3～10月と長い期間ですが、冬場が0件かというとそうではありません。鶏は、1年中カンピロバクター菌に汚染されています。冬場でも油断ができません。

●症状

腹痛・下痢は、100%発症します。吐き気・嘔吐も同時に発症し、腹痛は激しく痛み、血便もあります。まれに敗血症や髄膜炎などの合併症を起こすことがあります。症状回復した頃、ギランバレー症候群（10万人に2人）により末梢神経麻痺の重症を引き起こすこともあります。ギランバレー症候群の3～5%は、合併症で亡くなるほど、致死率が高いものです。万が一そうなると、とてつもない代償を負うことになります。

●行政処分

患者を出してしまうと、営業停止は免れません。「カンピロバクターだから何日」という決まりはなく、たった2人の患者で営業禁止処分もあれば、13人の患者で2日間の営業停止処分もあります。営業禁止処分とは、改善計画書と改善の見込みがなければ営業再開ができない処分で、営業許可取り消しの次に厳しい処分です。

●ポイント

・鶏肉の生での提供はすぐにやめる　・唐揚げやチキンソテー等は芯温計でサンプリング（どれか1つ）の検温をする　・焼き鳥などは触って弾力を確認する　・冷凍肉は前日冷蔵庫へ移し解凍するなど気をつける　・鶏肉を調理したまな板・包丁・菜箸は他の料理と区別して使用。使用後すぐに洗浄し、鶏肉を触った手もすぐに洗う

4

腸管出血性大腸菌

死亡事故要因No.1

腸管出血性大腸菌は、死者数が一番多い食中毒です。そもそも大腸菌とは、人、家畜等ほ乳類の腸管内に存在しその多くが無害ですが、その中で人に対して下痢・腹痛を発症させる大腸菌があります。これを「病原大腸菌」と言い5種に分類されますが、中でも「腸管出血性大腸菌」は、大腸に定着してベロ毒素（青酸カリの5000倍）を産生します（O157、O26、O111、O121など60種ほど存在）。

潜伏期間が4〜10日間とかなり長いため原因追究が困難に思えますが、腸管出血性大腸菌の原因追究率は99％です。腸管出血性大腸菌の重要性がうかがわれます。

腸管出血性大腸菌（O157）によって、2000〜2019年の20年間で37人もの方

図9 腸管出血性大腸菌

症状　：腹痛・下痢（血便）
原因　：生の肉、野菜、井戸水
潜伏期間：4日〜10日
殺菌温度：75℃ 1分
注意事項：
・肉の生提供を避ける
・手洗い徹底（特にトイレ後）
・冷蔵庫内感染に注意（肉汁等）
・野菜の徹底洗浄
・調理器具の洗浄・消毒

過去3年間平均	全国		飲食店		飲食店事故率	1店舗あたり平均患者数
	件数	患者数	件数	患者数		
腸管出血性大腸菌	23	263人	20	210人	87.0%	10.5人

2019年 腸管出血性大腸菌月別件数

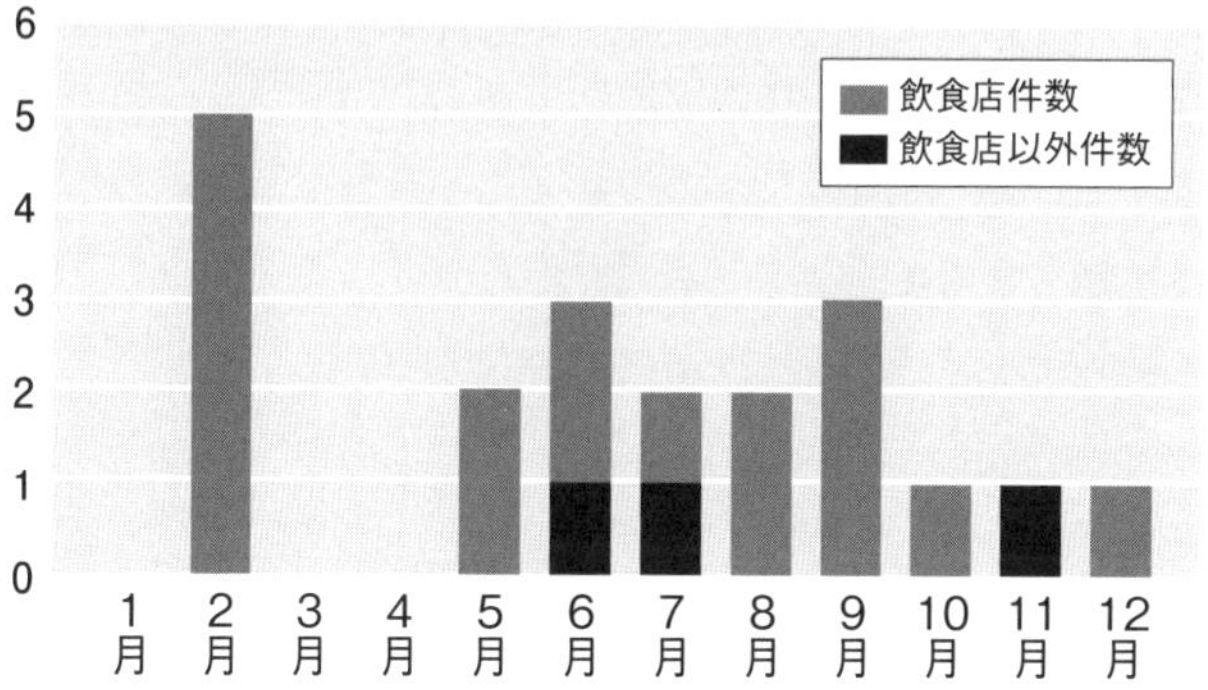

が亡くなっています。食中毒の死因では最多です。この重大な食中毒菌が何についているのか、知らずに食品を調理して提供すること自体、無責任だと言えます。まずは菌やウイルスについて知り、その知識を3章でお伝えする重要管理計画書など自店の衛生管理に活かしていってください。

●感染源

腸管出血性大腸菌は、「牛が人間から身を守るために変異して生まれた」という説もあるほど、肉の生食は要注意です。2019年の飲食店事故で原因がはっきりしているのは加熱不十分な牛肉の3件で、あとは原因食材が特定されずに不明のまま、「患者の共通食事」という点から飲食店での食中毒が確定しています。

病原性大腸菌は人、家畜、ほ乳類が保有する菌ですが、サラダやキュウリなど原因食材に野菜も多く含まれています。なぜ、動物菌が野菜に付着するのかというと、それは「雨」によるものです。雨が降ると、猿・鹿・タヌキなどの野生のほ乳類や家畜の糞尿を溶かし、土壌を汚染して流れ運びます。その汚染水が小川を流れ、やがて田畑に流れ込み、動物菌に汚染された野菜類が収穫され市場に出回るというわけです。

もうひとつの要因として、調理人が保菌者だということもあります。保菌者でも人によ

図10 ｜過去20年間の食中毒の死者数と原因

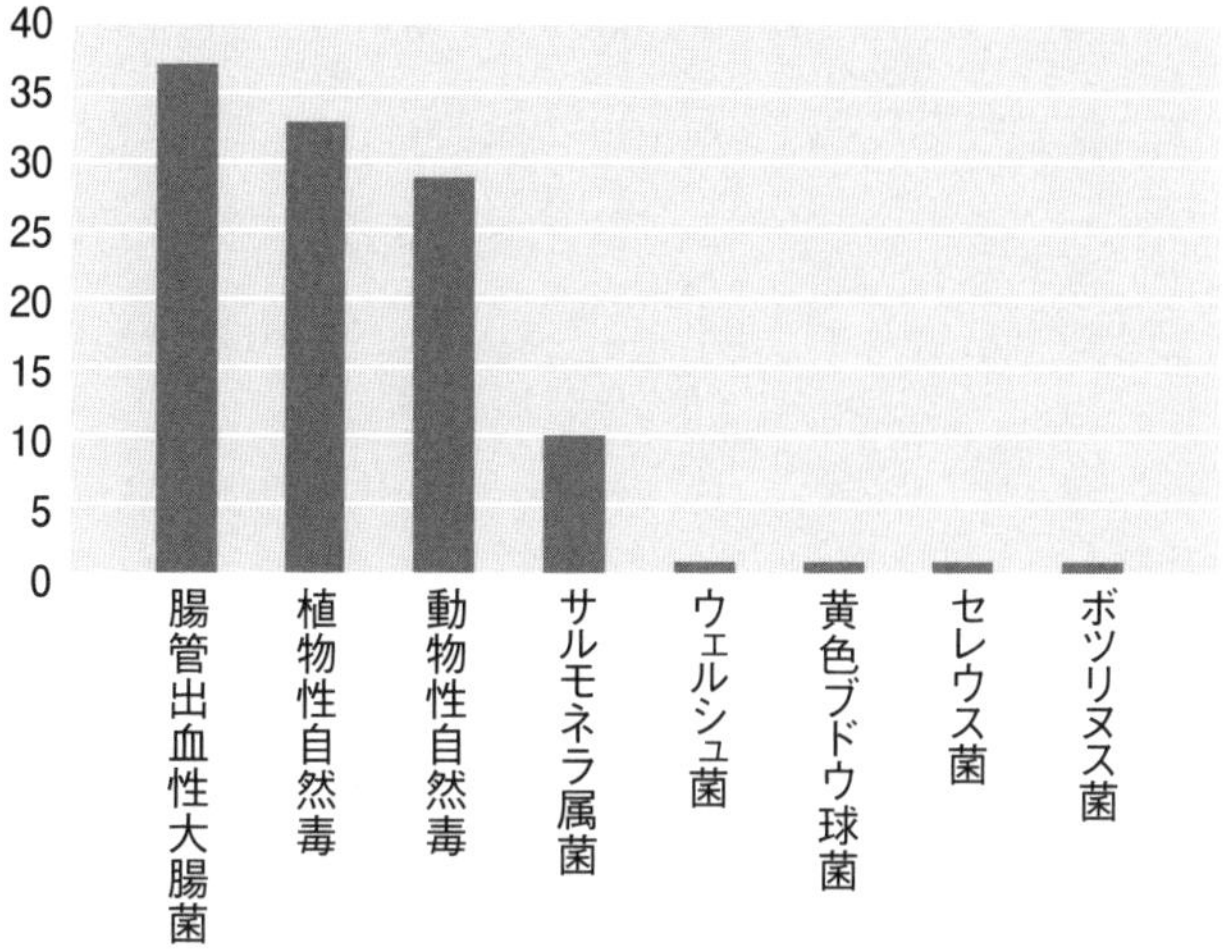

トイレ後、どのように手に菌・ウイルスがつくか

便器で用を足すとき
便器内に菌が充満し、お尻にも菌が付着する

水洗で流すとき
勢いよく流した便器から、菌が舞い散る

おしりを拭くとき
親指の付け根には、ペーパーがなく、お尻に直接触れる

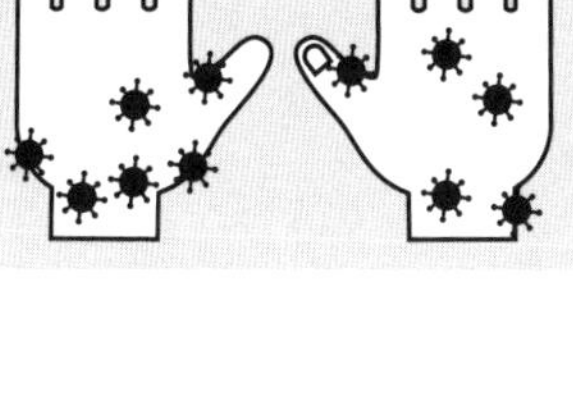

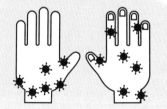

手の甲、手のひら、手首まで、菌は付着している
・大腸菌　・ノロウイルス
・ウェルシュ菌　・ブドウ球菌
・サルモネラ属菌

って症状の重さには差があります。症状がなくてもトイレに行った際の手洗いが不十分だと、料理人の手を介して料理に付着してしまいます。

大便をしてペーパーで拭いた後に、手に菌がついている部分の1位は親指の付け根、2位は手の甲、3位は手のひらです。手のひらだけ洗っても意味がありません。

●流行る時期

通常、5~10月に発生しますが、2019年は2月に5件発生しています。そもそも牛が持ってる病原大腸菌が冬になくなるはずもありません。「冬は起きないから大丈夫」など油断をすると、食中毒を起こしてしまいます。少量の菌でも発症してしまう強い病原菌ですから、1年中油断できません。

●症状

潜伏期間が4~10日と長いのですが、腸管出血性大腸菌は、無症状の間に着々と体内を破壊していく準備を進めています。3日目ぐらいから激しい腹痛が起こり、ベロ毒素により大腸の粘膜が傷つけられ、血便が出始めます。患者の6~7%が2週間以内に重症化に進み、溶血性尿毒症症候群（HUS）へ進行し、腎臓障害や溶血性貧血、神経障害を引き起こします。HUSを発症した患者の致死率は、1~5%と極めて高いものです。

通常、細菌は100万個で症状が出ると言われていますが、腸管出血性大腸菌はたったの100個で発症する強い菌です。人差し指1本触れる程度で十分に間接感染する範囲です。トイレ後の手洗いの重要性を改めて認識してください。

●行政処分

重症化しやすいため、他の食中毒よりも厳しい処分となります。2018年1月に発生した惣菜店24人中1人死亡の事故の場合、あらゆる調査の中で惣菜を取るトングなども疑われましたが、原因不明。しかも、この惣菜店を利用していない患者が2人もいました。加熱品と非加熱品の作業区域の区別化ができていない等の指導を受けて3日間の営業停止処分となりましたが、1カ月後、全店閉店に追い込まれました。

●重要ポイント

・肉の生提供はしない。焼肉などでは、野菜と肉を一緒に盛らない　・75℃1分の殺菌温度を徹底する　・調理器具の洗浄・殺菌、冷蔵庫・冷凍庫の整理整頓、清潔の維持。手洗い徹底　・野菜の洗浄（特に雨が降った後の1週間ほど）

5

黄色ブドウ球菌

テイクアウトで高まるリスク

　黄色ブドウ球菌食中毒は、この20年で件数もずいぶん少なくなりました。ただし、全体の減少に比べると飲食店の減少率が低いため、飲食店での発生率は年々上がり、最近では黄色ブドウ球菌食中毒全体の半分以上が飲食店で発生しているという結果になっています。

　発生件数が少ないからといって、油断できないのがこの黄色ブドウ球菌で、潜伏期間の短さと集団性が特徴です。潜伏期間1～3時間で症状が出るため、大きなイベント会場等で、複数人が同じ症状で腹痛・下痢の場合は、この黄色ブドウ球菌によるものと思ってほぼ間違いありません。コロナ禍において、テイクアウトやデリバリーを始める飲食店などでは特に気をつけなければならない菌のひとつです。

図11 黄色ブドウ球菌

症状　：嘔吐・下痢・腹痛
原因　：料理人の「手」
潜伏期間：1時間〜3時間
殺菌温度：菌は死滅するが、毒素は死滅しない
注意事項：
- 仕込みは手袋着用
- 仕込み品のこまめな冷蔵庫保管
- こまめな手洗い
- 傷がある場合、ゴムバンド
- 調理後早目の喫食
- テイクアウト品の積み置きしない
- デリバリーリスクを考慮しなければならない

過去3年間平均	全国		飲食店		飲食店事故率	1店舗あたり平均患者数
	件数	患者数	件数	患者数		
黄色ブドウ球菌	24	378人	13	196人	54.2%	15.1人

2019年 黄色ブドウ球菌月別件数

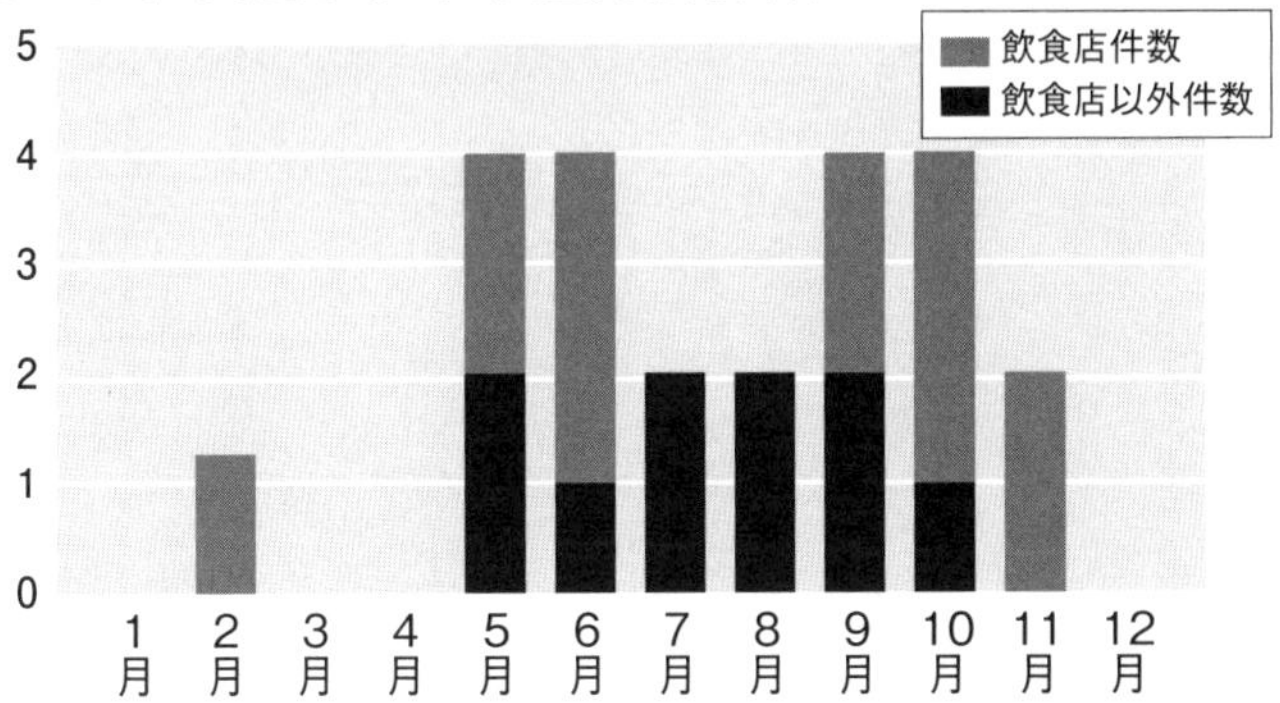

飲食店の事例としては、「ささみと胡瓜の胡麻ダレサラダ」で152人の集団食中毒が発生。事前に盛りつけたサラダが冷蔵庫に入らず、常温放置したのが原因です。他にも、「鮭の塩焼き」で862人の集団食中毒が発生。塩焼きするため油断したのかもしれませんが、さすがに862人分の鮭の仕込みには、相当な時間がかかってしまったのでしょう。

●感染源

感染源は、料理人の「手」です。黄色ブドウ球菌は、健康な人の2～3割が保有していると言われ、髪の毛、耳、鼻の奥、傷口、皮膚についています。調理前に手を洗っていても、鼻をかんだりくしゃみを手で覆ったり、髪の毛や体のどこかを掻いたりすれば手に付着し、仕込み素材や料理に付着します。すぐに食べれば大丈夫なのですが、気温20℃以上の環境で2時間以上放置してしまうと、絶好の増殖環境となります。

黄色ブドウ球菌食中毒の原因は、エンテロトキシンという毒素です。仕出し・弁当業のスタッフが手袋・帽子を被っているのも、この黄色ブドウ球菌予防です。

すぐに食べれば問題ないはずなのに、なぜ飲食店でも事故が起きているのかというと、黄色ブドウ球菌には調理型・仕込み型の2つのタイプがあるからです。調理型は、菌がついた手で調理した料理をしばらく放置して菌が増殖するタイプ。仕込み型は、菌がついた手で仕込みをし、室内温度20℃以上の環境で素材を放置したり、仕込みに時間がかかったりして菌が増殖するタイプです。加熱すると黄色ブドウ球菌は死滅しますが、エンテロトキシン毒素は死滅しません。そのため、毒素がついた料理を提供することになります。

●流行る時期

気温20℃以上の5～11月に起こりやすい。冬場でも、温度の高い調理場では要注意。

●症状

嘔吐・下痢・腹痛。重症にはならず、2日程度で症状は改善されますが、救急車で搬送されるほど苦しいものです。「被災地での炊き出し」や「イベント会場」で集団食中毒というのをよく耳にしますが、会場で症状が現れるほど潜伏期間が短いのが特徴です。

●行政処分

1日の営業停止処分から営業禁止処分まで、行政処分は様々です。

●重要ポイント

・黄色ブドウ球菌は、食材や料理についているものとして扱う　・仕込みは、手袋着用が必須　・増えたら最後、殺せない　・テイクアウトやデリバリーでの製造過程において菌をつけない施策を取る

6 サルモネラ属菌

恐怖度No.1

サルモネラ食中毒は近年、ずいぶんと減少しましたが、１店舗平均患者数21・７人という数値から読み取れるように集団性が高く、強い菌です。１９８８年には、小中学校の冷やしラーメンの具の錦糸卵が原因で１万４７６人ものサルモネラ食中毒患者が出ています。それが年々減少していったのには、サルモネラ属菌に汚染されないための鶏卵農家の努力があったからです。現在の鶏卵のサルモネラ属菌汚染率は、３万個に１個と言われています。

それでも、日本は１年に１人あたり平均３３３個という、世界第2位の卵消費国です。ということは、人口１億２５００万人から計算すると、毎日約３８００個の汚染卵が市場

図12 サルモネラ属菌

症状　： 発熱・下痢・腹痛・嘔吐
原因　： 鶏、牛、豚、ほ乳類腸管内、鶏卵、鰻、スッポン、ペットの犬・猫
潜伏期間： 6時間〜72時間
殺菌温度： 75℃ 1分
注意事項： ・鶏肉の生・半生提供は絶対ダメ
・8〜9月は、生卵を食べない、提供しない
・冷凍肉は、事前解凍しておく
・手洗い徹底、まな板・包丁・菜箸を直ぐに洗浄・消毒
・卵を割ったら手を洗う

過去3年間平均	全国		飲食店		飲食店事故率	1店舗あたり平均患者数
	件数	患者数	件数	患者数		
サルモネラ属菌	25	766人	15	326人	60.0%	21.7人

2019年 サルモネラ属菌月別件数

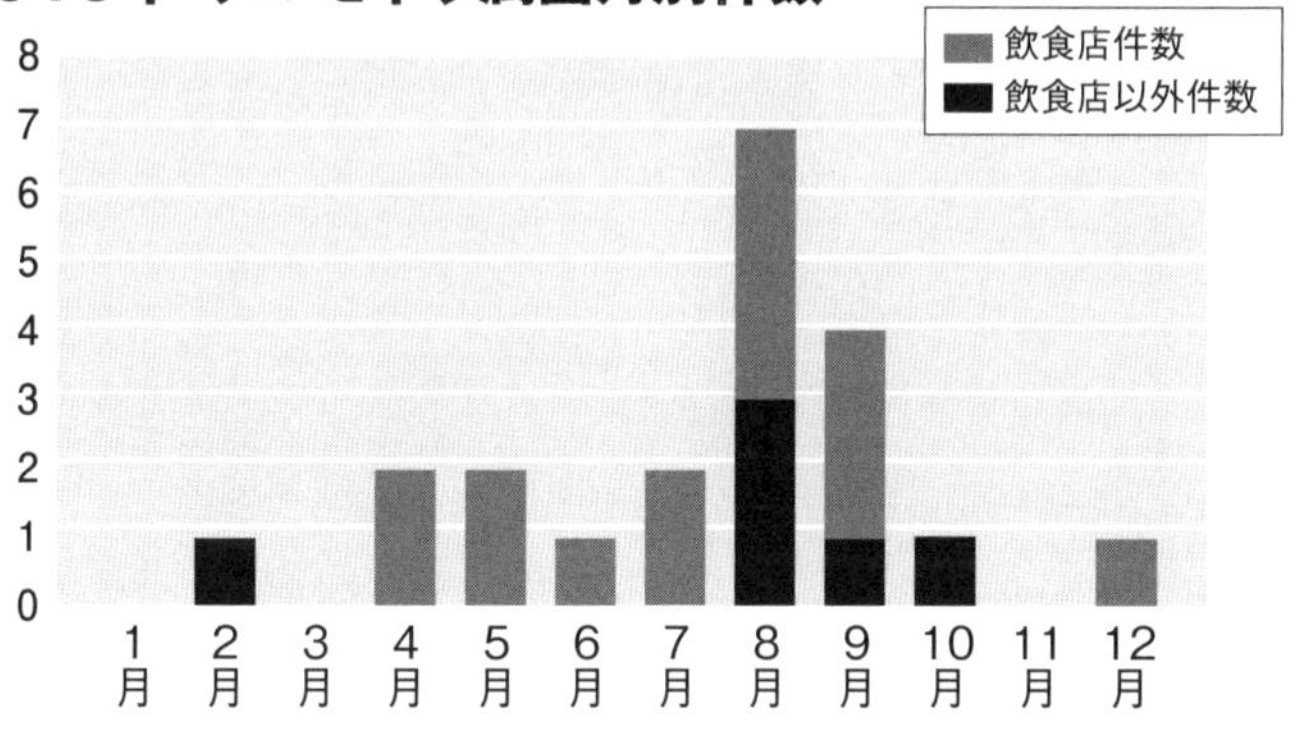

に出回っていることになります。

飲食店でのサルモネラ食中毒の発生率は増えており、全体の7割が飲食店で発生しています。

サルモネラ属菌は、世界で下痢を起こす4大原因のひとつです。乾燥した環境でも数週間、水の中でも数カ月、冷凍でも数年間生存します。幼少期の子供やお年寄りは、脱水症状が重度になりやすく、死亡事例も過去20年で11人です。強くて集団性があり、死亡リスクもあるのがサルモネラ属菌の特徴です。

●感染源

サルモネラ属菌の生息場所は、人体内、牛・豚・鶏等の腸管内、河川・湖・下水などで、広く存在しています。養鶏場に降った雨水がサルモネラ属菌を河川に流し、鰻などにも付着します。食中毒の原因に挙げられるのは、鶏肉、卵がダントツに多く、調理道具の殺菌消毒不足でも発生しています。

●流行る時期

毎年、8～9月に多く発生します。この時期、生卵はメニューやまかないから外したほうが賢明です。

●症状

吐き気（たまに嘔吐）・腹痛（下腹部）・発熱（38℃前後）・下痢で、重症になると致死率0・2〜0・5%です。幼児やお年寄りに重症者が多く、一度かかると長期間の保菌者になります。2カ月間、検査で陽性だった事例もあります。

●行政処分

サルモネラ属菌も他の食中毒同様、何人の患者だから何日の処分などの決まりはなく、35人の患者で3日間の営業停止処分もあれば、2人で営業禁止処分もあります。卵が原因だとわかっていても、その責任は生産者ではなく飲食店となります。

●重要ポイント

・鶏肉の生提供はすぐにやめる　・調理機材の洗浄・消毒の徹底。手洗いの徹底。卵を割ったら手を洗う　・8〜9月は、生卵を食べない、提供しない　・冷凍肉は、火を通りやすくするために前日より冷蔵庫に移して解凍する　・生肉を調理したまな板・包丁・菜箸は、他の料理と区別し、使用後すぐに洗浄する

7 hygiene management

腸炎ビブリオ

海産物すべてに付着している

魚介で注意しなければならないのが、寄生虫、自然毒、そして腸炎ビブリオです。1980年代まで食中毒菌の半数がこの腸炎ビブリオでしたが、2019年は0件と進化を遂げています。ここまで減少したのは、2001年の食品衛生法の大改正によるものです。

●感染源

腸炎ビブリオは、海産物すべてに付着しています。海水温度が15℃以上になると活性化し始め、20℃以上になると増殖が盛んになります。夏の海は、腸炎ビブリオで蔓延していると言ってよいでしょう。昔は流通に温度規定はありませんでしたから、腸炎ビブリオが付着した魚介によって、物流段階で増殖していました。

図13 腸炎ビブリオ

症状　：下痢・腹痛・嘔吐・発熱
原因　：海産物すべて
潜伏期間：6時間〜24時間
殺菌温度：60℃10分、真水に弱い
注意事項：
・真水で洗う
・調理道具・手は、こまめに洗浄し、2次感染を防ぐ
・保存温度に気をつける(4℃以下)
・夏の海産物は、すべてに菌が付着している。
特に、洗わずに食べるウニ・ホヤは要注意
・加熱の場合は、中心まで60℃10分

過去3年間平均	全国		飲食店		飲食店事故率	1店舗あたり平均患者数
	件数	患者数	件数	患者数		
腸炎ビブリオ菌	**10**	**106人**	**9**	**102人**	**90.0%**	**11.3人**

2018年 腸炎ビブリオ菌月別件数

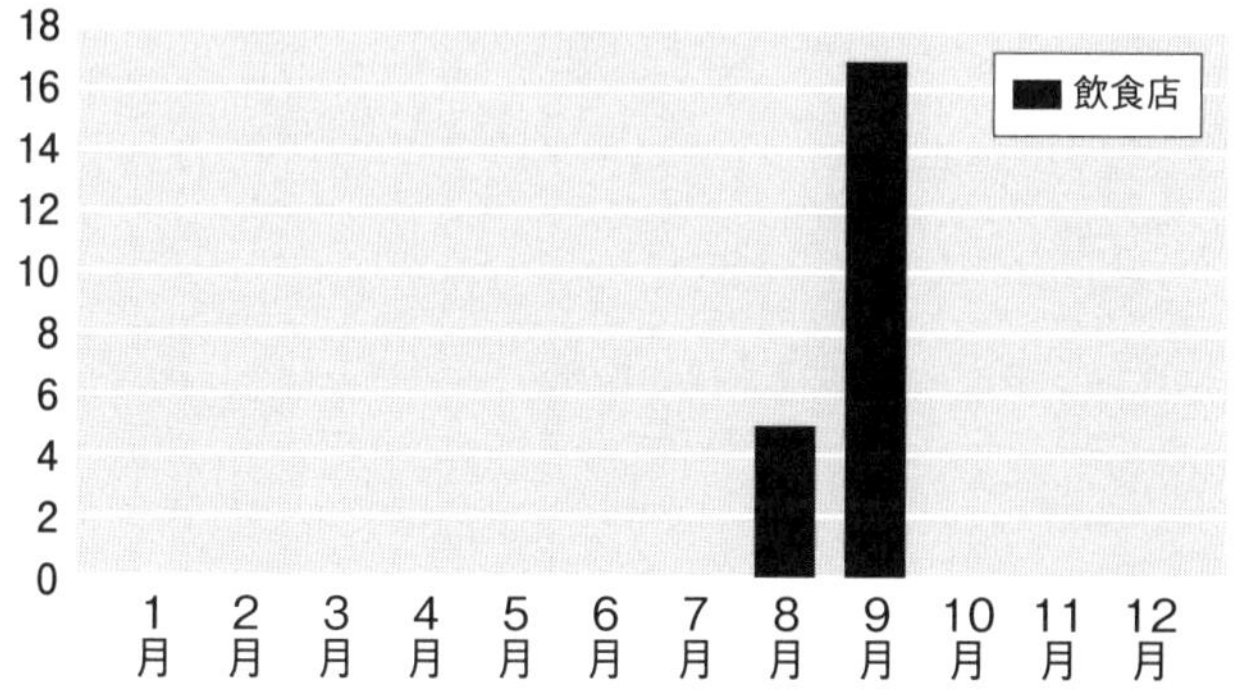

そこで2001年の食品衛生法の改訂では、①保存基準（腸炎ビブリオは、25～37℃での増殖スピードが極めて速いため、流通・販売段階における魚介の保存温度を10℃以下に定めた）、②加工基準（魚介の解体・加工時、海水で処理していたものを殺菌海水または真水で行なう）、③成分基準（生鮮魚介類は、腸炎ビブリオの付着が避けられないため、菌の付着基準を決めた）が策定されました。

腸炎ビブリオ食中毒は、菌100万個摂取が必要で、腸管出血性大腸菌の100個に比べると危険性が低いように感じますが、腸炎ビブリオのすごいところは増殖スピードです。10分で分裂するため、仮に10個の菌が付着していたとすると、増殖環境下では2時間50分で131万個まで増殖し、食中毒を起こすのに十分な数になります。

仕入れた魚介類の菌付着が0というのは不可能です。産地から流通、調理に至るまで、一貫して菌を増やさない管理が必要になります。

●流行る時期

海水温度が高い時期、8～9月に集中します。子供の頃、海水浴場に行って、海水を飲んで夕方お腹が痛くなったという経験がある場合は、おそらく腸炎ビブリオが原因です。

●症状

6～24時間で、激しい下痢が主で、嘔吐、まれに発熱を起こします。何回もトイレに駆け込むことになります。2日程度で快方に向かいますが、重症化すると血便や急性虫垂炎にもなります。また、下痢止めを使用すると、菌が排出されずに逆効果となります。

●行政処分

生ウニで食中毒を出した飲食店が、水産卸と輸入会社を相手に、「生ウニは一切調理せずに提供した」ことを事由に訴訟を起こした事例があります。最終的には原告側の請求は棄却されました。飲食店では、「すべての魚介に菌が付着しているものとして処置しなければならない義務がある」ということです。海水を含んでいたほうがおいしいとされる生ウニやホヤなどは、特に注意が必要です。

行政処分については、2日間営業停止処分～営業禁止処分まであります。地球温暖化に伴い、今後は発生時期の範囲も広がり、食中毒の発生件数も増えていく可能性が高いと言えます。

●重要ポイント

・真水で死滅するため、とにかく真水で洗浄する　・増殖スピードが速いため、仕込み中の扱い、保管に気をつける　・調理器具の洗浄・消毒の徹底

8

ウェルシュ菌・セレウス菌

100度でも死滅しない

食中毒には、ウイルス類、菌類、寄生虫、毒素類によるものがあります。毒素類（動物性自然毒・植物性自然毒）が熱に強いことはよく知られていますが、「菌類は熱で死滅する」と思っている人も案外少なくありません。

しかし、ウェルシュ菌とセレウス菌は熱に強く、100℃でも死滅しないのが共通点です。増殖温度帯では増殖しますが、加熱して温度が上昇してくると生存のためにガードを張って身を守ります。やがて、料理の加熱が止まって冷めてくるとガードを解いて増殖を始めます。このガードを張って身を守ることを「芽胞《がほう》」、ガードを解いて増殖準備に入ることを「発芽」と言います。ウェルシュ菌は100℃6時間、セレウス菌は126℃90分の加熱でも死滅しないため、煮込み料理、炊飯、麺を茹でる過程等では死滅しません。毒素を出すタイミングは、ウェルシュ菌は、芽胞生成時にエンテロトキシン毒素（黄色ブドウ球菌と同じ）を産生し、セレウス菌は、増殖時にセレウリド毒素を産生します。

ウェルシュ菌は、集団性食中毒の原因第1位です。２０１９年直近3年間の平均の飲食店での1店舗平均患者数は、42・5人。全体での発生件数は23件、患者数１５６８人ですから、1件あたり68人にもなります。解明率96・6％とほとんどが原因追究され、集団性が高いのも特徴です。セレウス菌食中毒はここ20年、一番多い年で25件と件数こそ多くはありませんが、飲食店発生率は高く、解明率96・3％とウェルシュ菌同様、ほとんどのケースで原因追究がなされています。

ウェルシュ菌

●感染源

ウェルシュ菌は、人・動物の腸管内に常在、下水、河川、土壌に広く分布します。特に、人の腸内に生息するウェルシュ菌を別名「悪玉菌」と言います（悪玉菌は、ブドウ球

図14 ウェルシュ菌

症状　：下痢・腹痛
原因　：人体・ほ乳類腸管内、土壌。多くは、料理人の手を介す
潜伏期間：8時間〜12日間
殺菌温度：芽胞を生成し、100℃6時間でも死滅しない
注意事項：
・手洗い徹底
・煮込み料理など冷ますときに時間をかけない
・できるだけ当日使用、持ち越すときは、温度管理
・調理器具の消毒・洗浄

過去3年間平均	全国		飲食店		飲食店事故率	1店舗あたり平均患者数
	件数	患者数	件数	患者数		
ウェルシュ菌	23	1,568人	11	467人	47.8%	42.5人

2019年 ウェルシュ菌月別件数

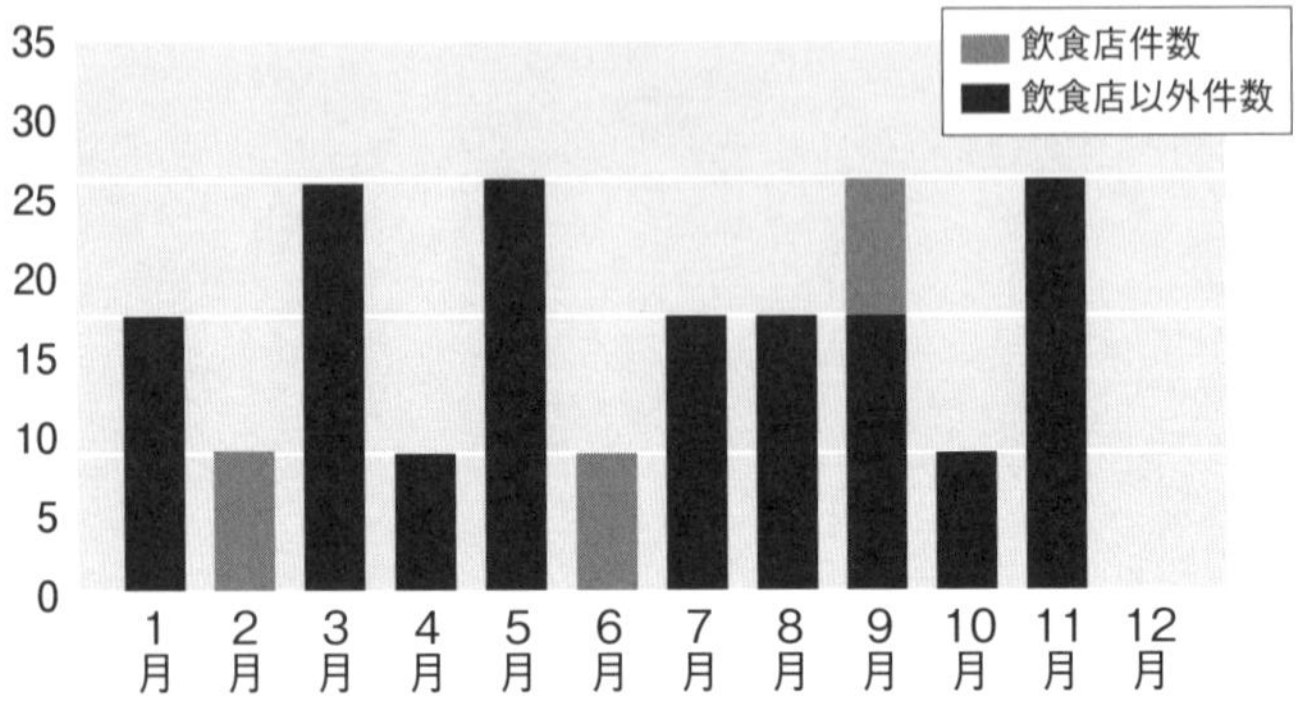

図15 ウェルシュ菌の増殖

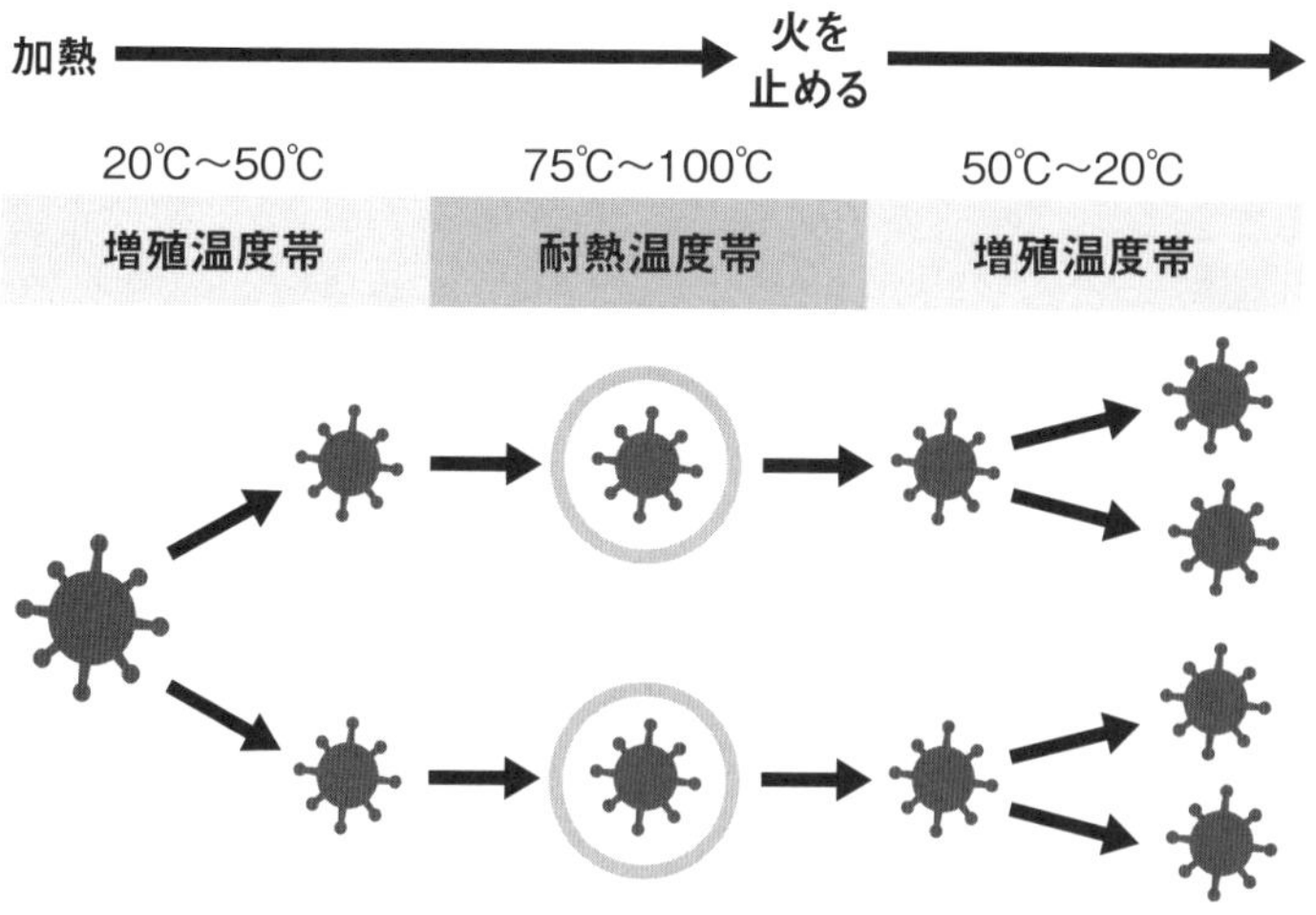

菌、ウェルシュ菌、有毒性大腸菌）。屁が臭いときや下痢のとき、ウェルシュ菌が増えています。

ウェルシュ菌は、寸胴での大量調理などの煮込み料理が原因となることがほとんどです。寸胴や大鍋料理の煮物が多いのですが、中鍋でも火にかけながら使い回しすると危険が増します。「カレーは1日置いたほうがおいしい」とよく言いますが、翌日に持ち越すための工夫が必要です。出汁を変えずに継ぎ足しするおでんなども要注意です。

ウェルシュ菌の増殖は、鍋を冷ます際に時間がかかることが大きな要因です。20～50℃の温度帯を素早く経過させるため、鍋の周りに氷を張る、小分けして効率よく冷ます等の工夫が必要です。無酸素状態を好むため、調理時や冷ます際に鍋をよくかき混ぜ酸素を入れ込むことも大切です。

●症状

ウェルシュ菌は、菌が口から入って小腸に達してから毒素産生となるため、同じエンテロトキシン毒素の黄色ブドウ球菌よりも潜伏期間が長くなります（8～12時間）。症状は、水様の下痢と軽い腹痛が伴います。人から人への感染はなく、自然に治癒します。

●流行る時期

ウェルシュ菌は、季節に関係ありません。人体内悪玉菌は、体内で温存されているので、年中無休で働いています。

●行政処分

ウェルシュ菌は集団性が特徴で、41人患者で7日間の営業停止処分もあれば、45人患者発生でも文書指導で済んでいるケースもあります。また、95人患者で営業禁止処分も出ています。あるホテルでは「カレーは1日寝かせて旨味をつける」という調理方法によって25名のウェルシュ菌食中毒を出し、3日間の営業停止処分となりました。その後、保健所指導により「カレーは当日分のみ仕込み、残りは廃棄」というマニュアルに変わりました。

セレウス菌

●感染源

セレウス菌食中毒は、嘔吐型と下痢型があり、国内ではほとんどが嘔吐型です。土壌を中心に自然界に広く分布、農産物を広く汚染し、126℃90分の加熱でも死滅しないところから、食品から完全に嘔吐型セレウス菌を除去するのは不可能です。

セレウス菌は、すべての加工食品および調味料類にも潜んでいる菌です。少量の菌では食中毒になりませんが、一度調理したものを放置することにより発生します。特に、穀類とその加工品が原因となることがほとんどです。米を炊いたりパスタ麺を茹でても、セレウス菌は芽胞を生成して生き残っています。セレウス菌は一度、芽胞を生成し、温度が下がって発芽した後に増殖しやすいと言えます。米は置いておいても大丈夫ですが、米飯を炊いた後の放置は危険ということです。保存方法をしっかりと守ることが重要です。

●症状

セレウス菌（嘔吐型）食中毒は、セレウリド毒素の摂取であるため、30分〜3時間と短いのが特徴です。嘔吐症状や吐き気と、まれに腹痛を伴います。症状の回復は一般的に早

図16 セレウス菌

症状　：嘔吐型:嘔吐・腹痛　下痢型:下痢・腹痛
原因　：土壌、農産物、加工品、特に穀物
潜伏期間：嘔吐型:30分〜3時間　下痢型:8時間〜16時間
殺菌温度：芽胞を生成し、126℃90分でも死滅しない
注意事項：
- 加熱した料理の放置をしない
- こまめに冷蔵庫へしまう
- 穀類の調理品を翌日に持ち越さない
- 調理器具の消毒・洗浄

過去3年間平均	全国		飲食店		飲食店事故率	1店舗あたり平均患者数
	件数	患者数	件数	患者数		
セレウス菌	6	118人	4	29人	66.7%	7.3人

2019年 セレウス菌月別件数

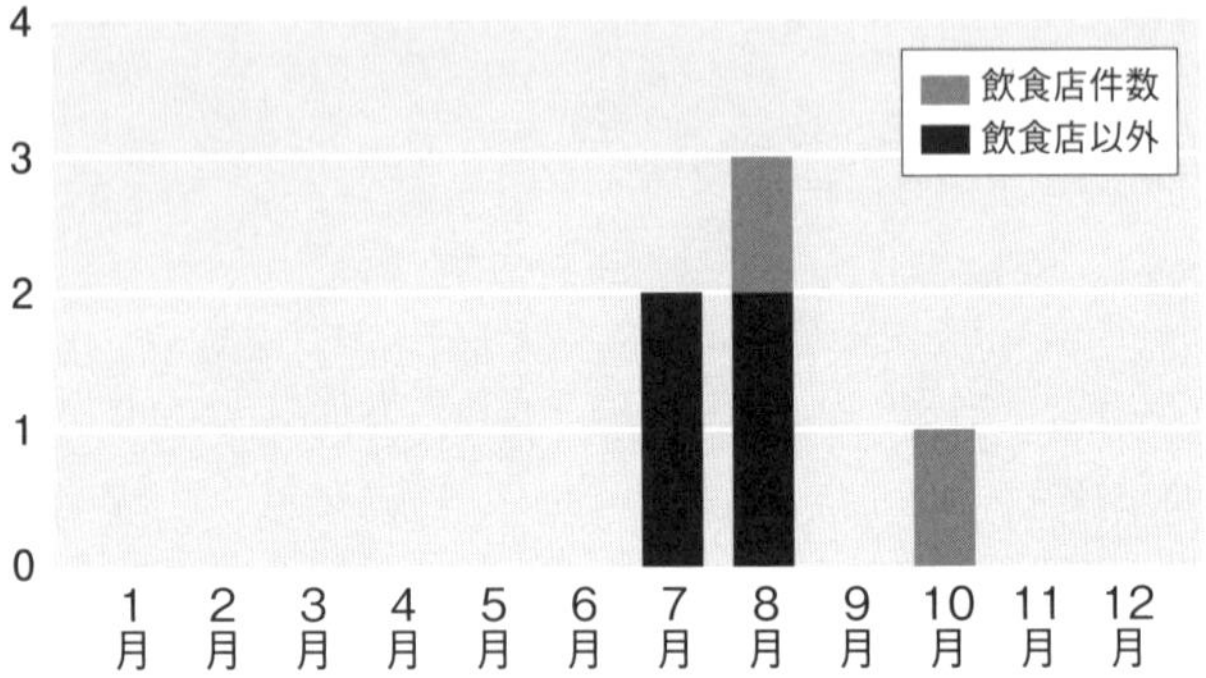

く、一両日中に回復する軽い部類の食中毒です。セレウス菌の増殖至適温度は25～30℃ですが、7～50℃でも増殖可能で、増殖温度帯が広いのが特徴です。そのため、残った米飯類はじめ調理品は必ず6℃以下の冷蔵庫に保管することが重要です。

●流行る時期

セレウス菌は、放置されている間の温度が高い状態が危険なため、夏場に発生します。とにかく、翌日に持ち越す場合は冷蔵庫への保管を徹底することです。

●行政処分

セレウス菌は保存温度が重要です。製造所で停電による冷却不足のために出荷製品から66人の患者を出し、4000点の自主回収と6日間の営業停止処分。また、飲食店でチャーハンが原因で8人の患者を出し、5日間の営業停止処分となったケースもあります。

●ウェルシュ菌とセレウス菌の重要ポイント

・加熱仕込み、加熱料理においては、時間をかけない冷まし方を明確にしておく　・明日に持ち越す場合の保存方法を明確にしておく　・「何日まで使用し、その後廃棄する」を明確にしておく　・保管する冷蔵庫の毎日の温度管理を行なう　・菌をつけないことが一番の予防になるため、手洗いを徹底する

9 寄生虫

寄生虫は、人に寄生するものだけで国内に100種類以上ありますが、ここでは食中毒指定されているものについて解説します。

アニサキス

アニサキス症は、アニサキス寄生虫がいる魚介類を食べた数時間後に、幼虫が消化管の壁に食いつくことによって激しい腹痛などを起こす食中毒です。昔から存在する寄生虫ですが、近年になりその数が増え続けたために、2012年12月の食品衛生法施行規則改訂により、「アニサキス」「クドア」「サルコシスティス」が食中毒指定に追加されました。

そのため統計は2013年からですが、近年は増加傾向にあります。飲食店発生も20

図17 アニサキス

症状　：腹痛・嘔吐
原因　：海産物すべて
潜伏期間：3時間〜7日間
殺菌温度：60℃1分、または70℃以上
　　　　　または−20℃24時間以上
注意事項：
- 鮮度のよい魚を仕入れる
- 仕入れた魚は、すぐに内臓を取り除く
- よく見る
- 刺身は、薄切りにし、両面をチェックする
- ワサビ、酢、塩漬けでは死滅しない

過去3年間平均	全国		飲食店		飲食店事故率	1店舗あたり平均患者数
	件数	患者数	件数	患者数		
アニサキス	344	354人	101	106人	29.4%	1.0人

2019年 アニサキス月別件数

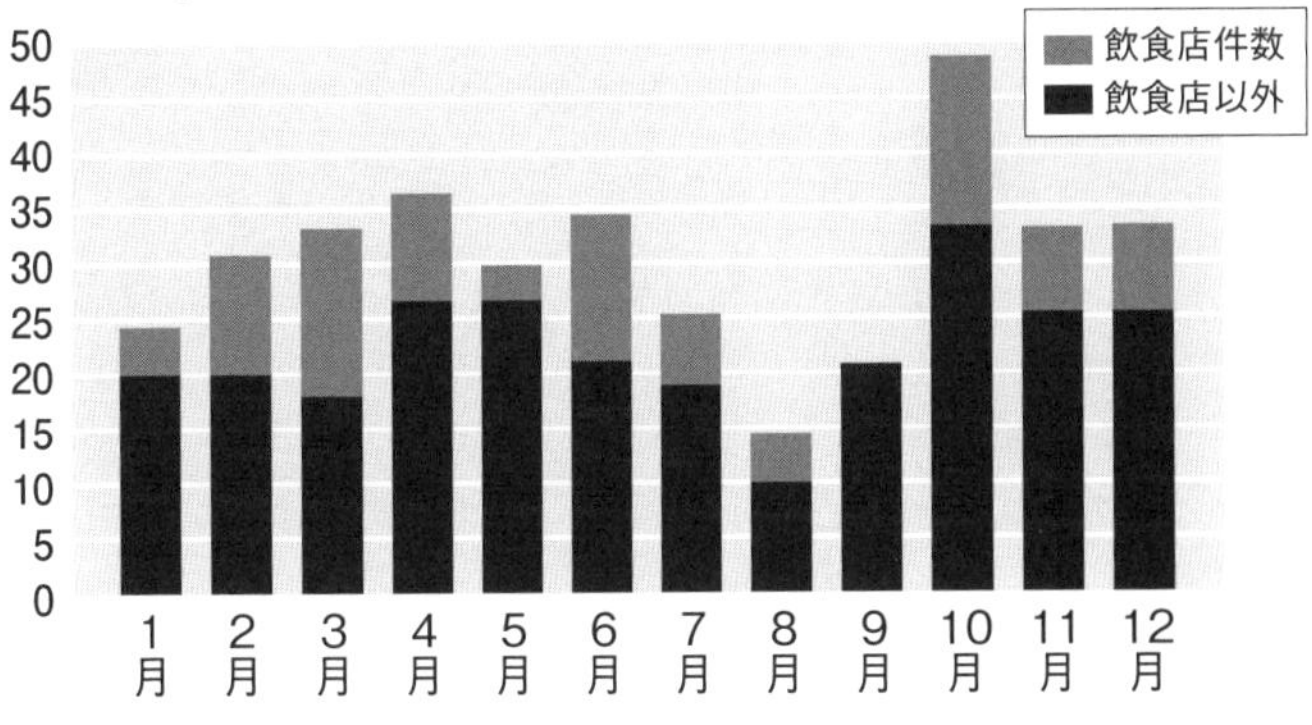

13年35件が2019年90件と、3倍近く増えています。アニサキスは、肉眼で確認できる寄生虫で、食した人だけが該当するため1件につき1人の患者がほとんどです。

●感染源

アニサキスの終宿主《しゅうしゅくしゅ》は、クジラやアザラシ等の海産哺乳類です。そこで卵を産むと糞と一緒に体外に放出されます。それが海中で孵化し、オキアミなどに食べられ、そのオキアミを小魚が食べます。小魚の内臓に留まっていれば排出されるため、胃袋を破って体内に入っていきます。小魚の体内に残ったアニサキスは、成長しながら次の成魚に食べられ、徐々に大きな魚を目指していきます。成魚に食べられても、同じように胃を破り体内へ入ろうとします。やがてアニサキス入りの魚が食卓に並び、人の口へ入ることになります。

アニサキスが初期の幼虫期の場合、人は中間宿主ではないため成虫にはなれずに排出されますが、成虫になったアニサキス（第三幼虫・10～40㎜）は、宿主の胃袋を破っていく習性があるため、排出される前に胃袋や腸を破って体内に入ろうとします。

アニサキスは魚介に広く分布するため、飲食店や鮮魚販売店でも食中毒が発生します。刺身を厚切りにすると、身の中に入っているアニサキスを見逃してしまいます。サバの報告が一番多く、他にもイワシ、カツオ、鮭、イカ、秋刀魚等、多種に寄生します。日本海側より太平洋側に生息が多く、太平洋側は胃から筋肉への移行率が高いことがわかっています。日本海側の真サバの寄生種は、太平洋側の寄生種の発症リスクが100分の1ということもあり、九州北部でサバの刺身を食する習慣もなるほど理解できます。また、サバアレルギーは魚アレルギーではなく、アニサキス幼虫アレルギーである可能性が高いこともわかっています。

●症状

胃アニサキス症の症状は、3～7時間後に胃の壁を破ろうとする激痛と嘔吐です。腸アニサキス症は、10時間～数日後に下腹部痛、嘔吐、発熱。腸閉塞や腸穿孔に至ることもあります。

アニサキス症に特効薬はなく、治療方法は取り出すしかありません。胃アニサキスは、内視鏡で胃にかじりついたアニサキスをちぎれないように丁寧に取り出します。取り出したら痛みも引き、やがて完治します。腸アニサキスは、アニサキスが死滅し症状の緩和を待つ対症療法しかなく、腸閉塞を起こした場合には外科的処置（開腹手術）を行ないます。

●流行る時期

1年を通して発生しています。8月がやや少ないのは、旬を迎える魚種が少ないために、生魚を食べる機会が少ないからだと言えます。

●行政処分

アニサキスはほとんどが患者数1人ですが、1日営業停止処分～営業禁止処分まで差があります。日本は生魚を食する食文化ですので、諸外国よりもアニサキス事故率は高いと言えます。地球温暖化に伴い、アニサキスによる食中毒は今後も増える傾向にあります。十分注意を払わなければなりません。

●重要ポイント

・鮮度のよい魚を仕入れ、仕入れたらすぐに内臓処理をする　・魚を保管する冷蔵庫の温度管理を行なう　・刺身などは厚切りにせず、両面を必ず見る　・魚の身割れなど、細かいところに注意する

クドア・セプテンクンプタータ

クドアは、ヒラメ等に生息する目に見えない寄生虫です。世界で110種、日本国内で25種のクドアが確認されており、寄生する魚種も異なります。ここでは2012年12月の

図18 クドア

症状　：下痢・嘔吐
原因　：ヒラメ
潜伏期間：4時間～8時間
殺菌温度：75℃ 5分以上、-20℃4時間以上
注意事項：・国産養殖を使う
・仕入れた魚は、すぐに内臓を取り除く
・保管する冷蔵庫の温度管理
・使用した、包丁、まな板、手をこまめに洗う

過去3年間平均	全国		飲食店		飲食店事故率	1店舗あたり平均患者数
	件数	患者数	件数	患者数		
クドア	14	156人	11.7	128人	83.6%	11人

2019年 クドア月別件数

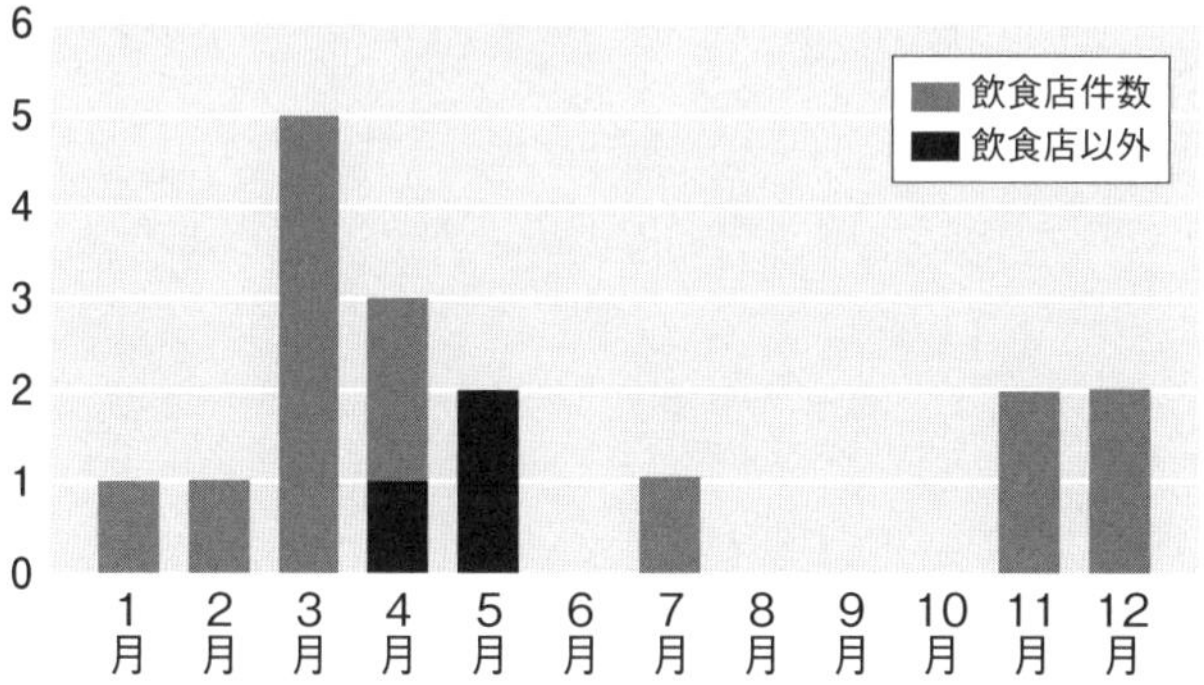

食品衛生法施行規則改訂により食中毒指定に追加されたクドア・セプテンクンプタータについて解説します。

クドアの原因食材を決定づけたのが、2010年10月、愛媛県で韓国産養殖ヒラメの喫食者534人中113人が1~9時間で下痢・嘔吐を起こした事故です。この事例で、ヒラメが原因食材として決定的となりました。今では、ヒラメの国内養殖場ではクドアの感染防止対策を取り、出荷時に検査も行なっているので国産養殖ヒラメは安全と言えますが、天然ヒラメや輸入養殖ヒラメでは、食中毒事例が続いています。

目に見えないクドアは、アニサキスのように1匹2匹というレベルではないため、汚染されているヒラメを食べれば、多くの場合、発症します。また、原因食材が明白であるため、2013年に統計が始まってから不明がありません。病院でクドアと判明したら、「どこでヒラメを食べましたか?」という質問になるため、原因追究が極めて行ないやすい食中毒です。

●症状

食して4~8時間、一過性の嘔吐や下痢の症状を呈し、軽症で終わるのが特徴です。

●流行る時期

3～4月、11～12月に多く起きています。ヒラメの旬とほぼ重なるのは当然でしょう。市場に出回るヒラメの水揚げは天然ものが6600トン、養殖ものが2200トンで、天然と養殖の比率は3対1です。

●行政処分

クドアの場合の行政処分に関する保健所の基本方針は、「病因物質がクドアであることが判明した場合は、当該ヒラメを廃棄等することにより食中毒の拡大・再発防止が可能であるため、他に改善すべき内容がない場合には、営業禁止及び停止の期間の設定は不要であること」となっています。営業停止を受けている施設は、拡大・再発の可能性、他に改善すべき内容があったからです。飲食店で7人の患者を出して5日間の営業停止処分もあれば、旅館で19人の患者を出して口頭指導（処分なし・公表なし）もあります。

●重要ポイント

・ヒラメを刺身で使用する場合、極力、国内養殖ものを使用する　・保管する冷蔵庫の温度管理を行なう　・マイナス20℃で4時間以上の冷凍、または中心温度75℃以上で死滅する　・重要管理検収書には、ヒラメの仕入れ時に天然か養殖か、産地はどこかを記録しておく

サルコシスティス

２０１２年、原因不明の下痢・嘔吐が多かった熊本地方で、馬に寄生するサルコシスティスが判明しました。２０１３年以降では、馬刺しで6人が食中毒にかかっています。２０１９年には、鹿肉で起きました。潜伏期間は４～８時間、一過性の下痢・腹痛・嘔吐が見られます。殺菌には１００℃5分または70℃15分以上か、マイナス20℃48時間以上が必要です。現在、馬肉はすべて冷凍処理後の出荷になっています。

旋毛虫

豚や馬、熊などの野生動物に寄生します。症状は、虫体の大きさにより様々で、軽ければ、感染から1～2週間後に腹痛・下痢・発熱で済みますが、重症化すると肺炎・心不全を起こし死に至ります。

２０１６年に発生した旋毛虫食中毒は、常連客が入手した熊肉を自宅で網焼きにして飲食店に持ち込んで発生し、その飲食店は営業禁止処分を受けています。

10 自然毒と化学物質

自然毒には、大きく3種類が存在します。動物性自然毒（フグ類、毒保有の魚介類、昆虫類、ハ虫類）、植物性自然毒（イモ類、毒草類、キノコ類）、カビ性自然毒です。

ここでは、食中毒に指定されている動物性自然毒（フグ類、毒保有の魚介類）と植物性自然毒（イモ類、毒草類、キノコ類）に的を絞って解説します。飲食店事例としては少ないのですが、食を扱うプロとして知っておきたい知識です。

動物性自然毒

動物性自然毒（魚介類）による飲食店での食中毒発生は毎年10件未満です。動物性自然毒は、家庭で起きる率が非常に高いと言えます。それは、釣った魚を自分で調理して食中毒にかかってしまうケースが多いからです。死亡ケースもここ最近では減っているものの、２００１～２００８年までは、毎年起きています。

この20年での動物性自然毒死因を見ると、フグ24件、アオブダイ2件、不明2件で、飲食店で起きている死亡２人は、いずれもフグです。ここでは、フグとアオブダイを中心に見ていきます。

●フグ

フグは、世界で１００種、日本近海で50種、そのうち食用は22種です。多くの種において内臓や皮膚、血液、筋肉の全部または一部に毒性テトロドトキシンを持っています。テトロドトキシンは、青酸カリの１０００倍と言われる猛毒です。テトロドトキシンは神経毒のため、症状は麻痺状態から始まります。

第1段階：食して数分後、指先・舌先・唇のしびれ、めまいによる歩行困難。
第2段階：運動麻痺が進行し、知覚麻痺、言語障害、嘔吐、血圧低下。
第3段階：全身麻痺、呼吸困難、血圧低下、骨格筋の弛緩。
第4段階：死ぬ直前まで意識明瞭、やがて意識消失、呼吸停止、死亡。ここまで24時間

図19 動物性自然毒

2019年 動物性自然毒　月別件数

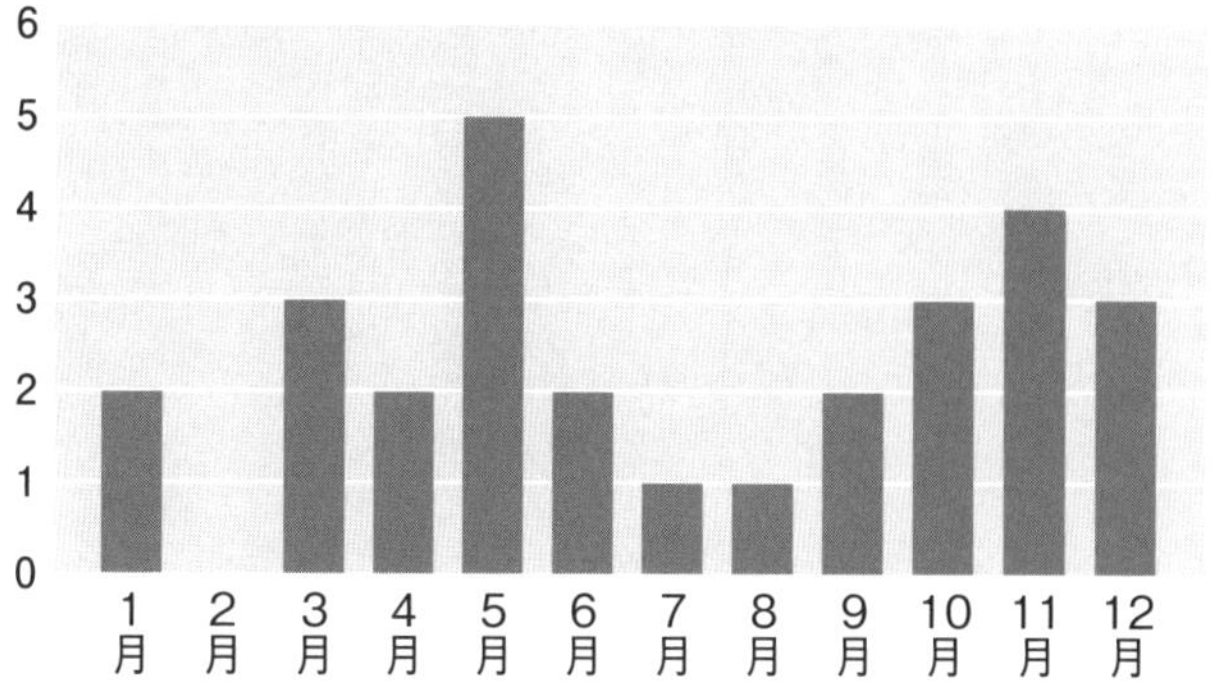

魚種別ヒスチジンの含有量

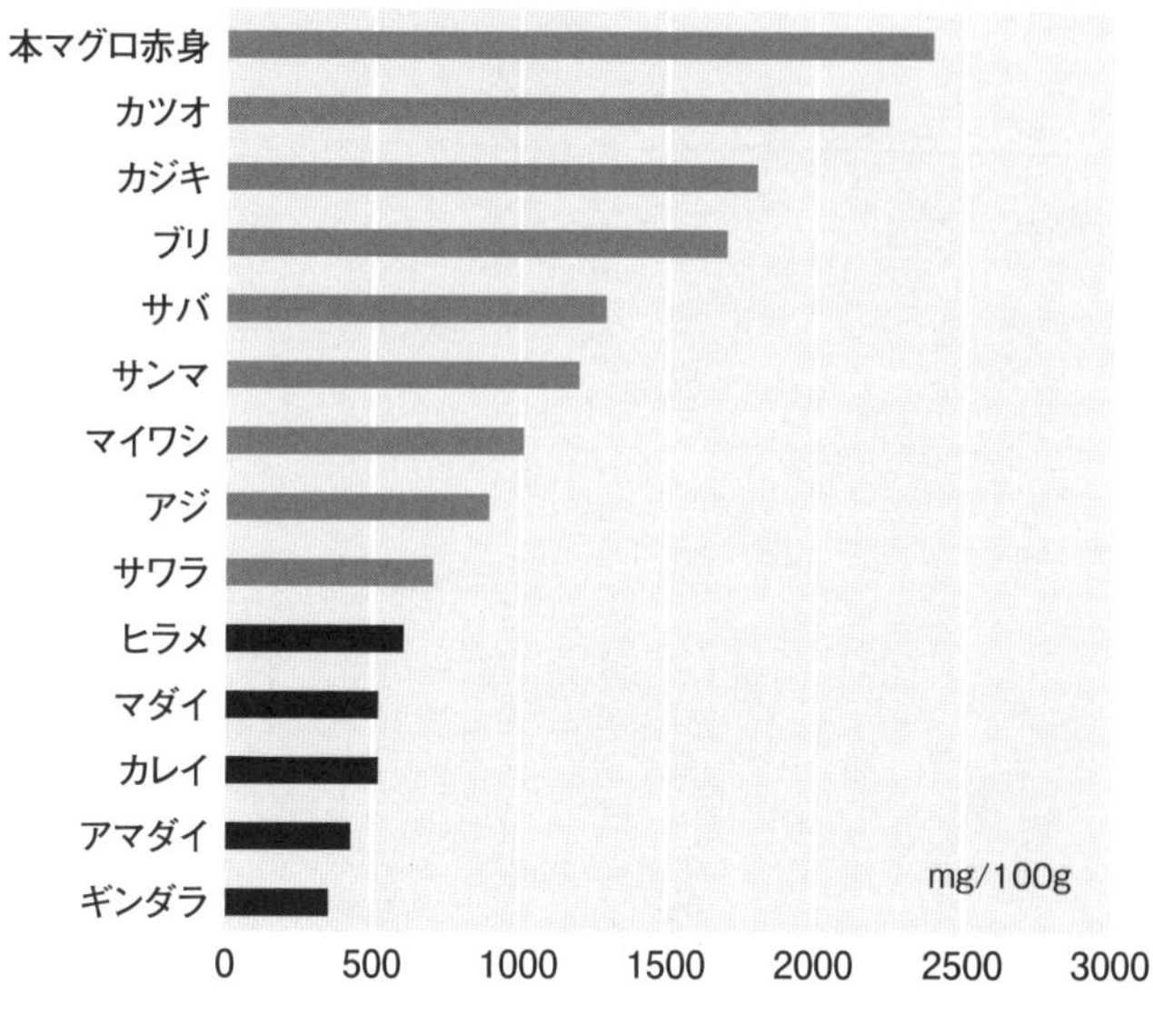

以内。

●アオブダイ

名前の通り、体色は青みがかっています。体長は最大90㎝まで成長します。まるで青黒い鎧を身につけたような姿で、パリトキシン毒素（青酸カリの2万倍）を持ちます。アオブダイの生息は、東京湾、関東・新潟から西はフィリピンまで分布しています。生物が持つ天然毒素で最強の魚が簡単に釣れてしまうのですから、要注意です。

他にもバラハタ、鯉の胆のう、ムラサキガイ、ナガヅカ、エゾボラモドキ等々も毒素を有しています。ツブ貝などは、唾液腺に加熱しても分解されないテトラミン毒素を含んでいるので取り除かなければなりません。テトラミンは死亡事例はないものの、食後30分程度で視覚異常、めまい、頭痛、船酔い感が現れます。

●化学物質（ヒスタミン）

魚を食べて蕁麻疹が出るのは、ヒスタミン症という食中毒症です。ヒスタミンは、動物性自然毒ではなく、化学物質の分類になります。ヒスタミンの基であるヒスチジンを含む赤身魚とその加工品によるものです。

赤身魚（マグロ、ブリ、サンマ、サバ、イワシ等）に多く含まれるヒスチジンは、ヒスタミン産生菌が産生する酵素でヒスタミンになります。ヒスタミンは、加熱調理しても分解しないため、一度生成してしまうと、煮ても焼いても減ることはありません。ヒスチジンを多く含む魚は83ページ下図の通りです。

●流行る時期

動物性自然毒が流行る時期は、原因食材の魚が主であることと、家庭で自分で料理して当たることが多いという点で、釣りシーズンと重なります。3～5月、10～12月に多く発生しています。

●主な注意点

フグ免許を持たずにフグを捌くと食品衛生法違反になります。フグの肝を提供していた会員制飲食店が営業禁止、経営者・従業員8人が逮捕されました。フグの肝は、種類を問わず提供を禁止されています。食品衛生法を守り、安心・安全を心がけましょう。

●重要ポイント

・フグ調理は特殊技術で、免許がない人は絶対に扱わない　・新しい魚介を扱うときは、毒性をよく調べる　・保管冷蔵庫の温度管理を行なう　・一般衛生管理検収書では、新しい魚種を仕入れた場合に記録しておく

植物性自然毒

植物性自然毒による食中毒は、１００件を超える年もあります。この20年で飲食店での死亡事故はないものの、33人が死亡と、腸管出血性大腸菌に次ぐ食中毒による死因２番目の多さということです。

植物性自然毒も動物性自然毒同様、家庭で起きる率が非常に高いと言えます。それは、キノコ狩り、山菜採りなど、間違って毒キノコや毒草を食べるケースでの食中毒が多いからです。植物性自然毒の死亡リストを調べると、２０００～２０１３年では「キノコ類」が多く、２０１４年以降は「イヌサフラン（毒草類）」が多く見られます。キノコ類、毒草類、イモ類には、それぞれの特徴があります。順に、詳しく見ていきましょう。

●キノコ類

日本には、２５００～５０００種類のキノコが存在すると言われ、そのうち食用とされるのは約３００種です。２００種が毒キノコで、そのうち30種ほどが死に至る猛毒キノコです。おいしいキノコと猛毒キノコの姿かたちがそっくりなので、自分で採取して食べる

図20 植物性自然毒（誤食関係）

過去3年間平均	全国		家庭件数	飲食店件数	飲食店事故率	1店舗あたり平均患者数
	件数	患者数				
植物性自然毒	41	122人	35	0.6	1.9%	3.3人

2019年 植物性自然毒 月別患者数

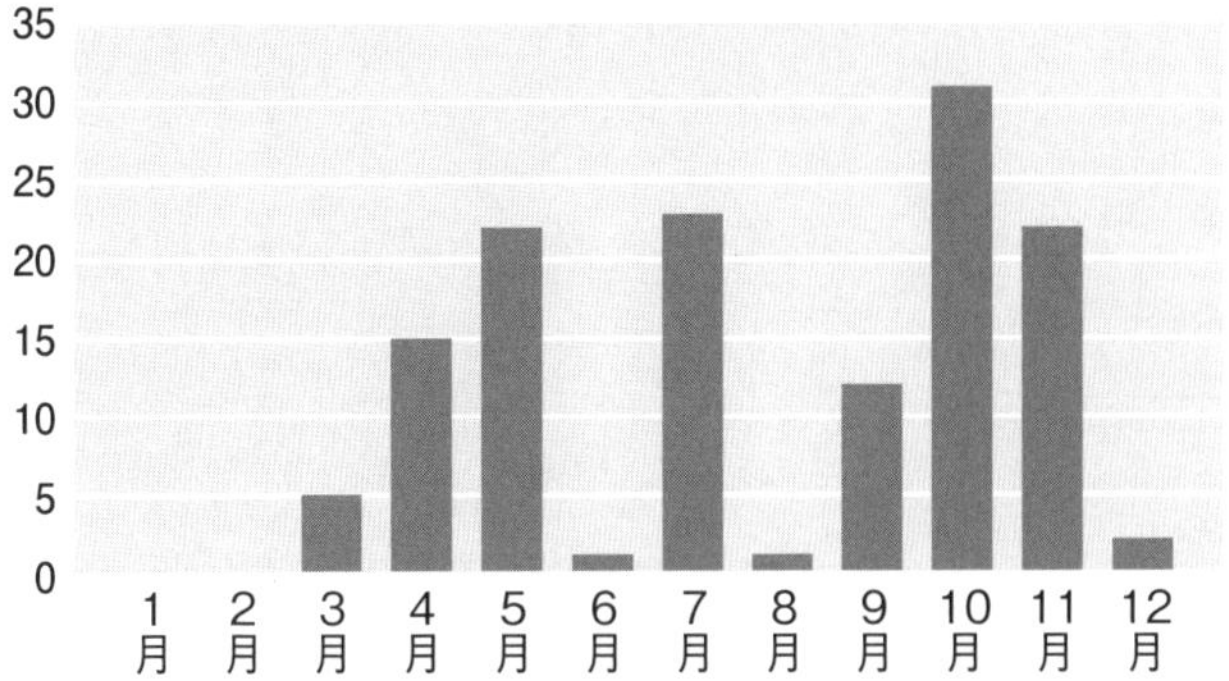

食用植物	有毒植物	部位
ギョウジャニンニク	イヌサフラン	若葉
ゴボウ（根）、ゴマ（種）	チョウセンアサガオ	根、種
ヨモギ、モミジガサ、ニリンソウ	トリカブト	若葉
オオバギボウシ、ギョウジャニンニク	バイケイソウ類、イヌサフラン	若葉
サトイモ	クワズイモ	茎、根茎
ニラ（葉）、ノビル（鱗茎）	スイセン	葉、鱗茎
フキノトウ	ハシリドコロ	新芽
八角	シキミ	実
セリ（葉）、ワサビ（根茎）	ドクセリ	葉、根茎
モリアザミ（ヤマゴボウ）	ヨウシュヤマゴボウ	根

などは自殺行為であることを認識しておきましょう。
実際に亡くなった事例のあるキノコを紹介します。

・**タマゴタケモドキ**：タマゴテングタケ同様、猛毒のアマトキシンを持ちます。潜伏期間6～24時間、2段階症状で、肝臓・腎臓の細胞を破壊し、10日以内に腎不全・肝不全を発症して昏睡・呼吸困難となり死に至ります。致死量は、小さいもの1本です。

・**ニセクロハツ**：このキノコが持つシクロプロペンカルボン酸が骨格筋組織を溶解します。潜伏期間は数十分～数時間、嘔吐・下痢、縮瞳、呼吸困難、言語障害、血尿を発症し、心臓が衰弱して死に至ります。致死率50％、致死量2～3本という強い毒素です。

・**ドクツルタケ**：アマトキシン、ファロトキシン等の毒素を持ちます。潜伏期間6～12時間、世界で最も死者が多いと言われています。

・**カエンタケ**：史上最強の毒キノコです。トリコテセン類、サトラトキシン等6種の毒素を検出しています。潜伏期間10分、下痢・腹痛・嘔吐、手足のしびれ、40度を超える高熱が出て髪の毛が抜け落ち、手足と顔面は脱皮します。運動・意識・言語障害、呼吸困難となり、さらに白血球・血小板が激減、全身の皮膚が剥がれ落ち、肝臓・腎臓・呼吸器・循環器が停止し、脳障害を起こしながら死に至ります。致死量3g、触るだけでも危険で、触れただけで皮膚から毒素が吸収されるのは、カエンタケだけです。

● 毒草類

日本には、約200種類もの毒草が存在します。触れるだけで死に至る毒草は、世界で9種類あり、日本にも存在します。毒草類は、間違って採取・誤食して食中毒にかかるケースがほとんどです。

・**イヌサフラン**：この20年間で10人もの死者を出しているのが、ギョウジャニンニクと誤って食してしまったイヌサフランです。ギョウジャニンニクは北海道でよく採取され、アイヌネギとも呼ばれていますが、イヌサフランとあまり区別がつきません。

・**スイセン**：ニラとスイセンの誤食は、非常に頻繁に起きています。2007年、道の駅で「ニラ」として販売されたものが実は「スイセン」で、購入者が食中毒にかかっています。2019年の植物性自然毒53件中11件が、ニラとスイセンの誤食です。

他にもニリンソウやヨモギとトリカブトの誤食等、自然界には食用植物とそっくりな毒草が多く存在します。

● イモ類

ジャガイモの根と芽にはソラニンという毒素を有しますが、未成熟で緑色のジャガイモは全体にソラニンを含みます。

ソラニンは潜伏期間が短く、数分〜2時間で、嘔吐・腹痛・下痢・頭痛・痙攣・呼吸困難が生じます。死亡事例はないものの、２０１９年には学校で16人の食中毒を出しており、救急搬送されています。

●流行る時期

春と秋は、野菜がおいしい季節です。毒キノコや毒草も多種出揃い、キノコ狩りや山菜採りのシーズンを迎えます。そのため、春と秋に患者数が増えます。７月に患者数が多いのは、学校の課外授業によるジャガイモの集団食中毒です。

●重要ポイント

・自分で採取したキノコや山菜を提供しない　・野菜類は、スーパー・市場・業者から、農家が作ったものだけを使う　・無人販売所や道の駅では、よく確認する　・ジャガイモを軽く見ない　・一般衛生管理実施記録では、スーパー・市場・業者以外の野菜仕入先などを記録する

1-1 hygiene management

食中毒事故を起こしたらどうなる？——行政処分の流れ

行政処分はどうやって決まるのか？

ここまで述べてきたように、飲食店で食中毒が発生したときの行政処分には明確な基準がなく、ケースバイケースで決まる場合がほとんどです。

万が一、食中毒事故が起きてしまった場合、どのように行政処分が決まるのでしょうか？　基本的な流れを見ていきましょう。

①どこかのお店で食事をしたお客様がそれぞれの自宅に帰り、潜伏期間を置いた後、症状が出て、それぞれの病院へ行ったと仮定します。

②病院で検査した結果、食中毒と認定されました。病院は食中毒患者について、食品衛生

図21 保健所による行政処分の流れ

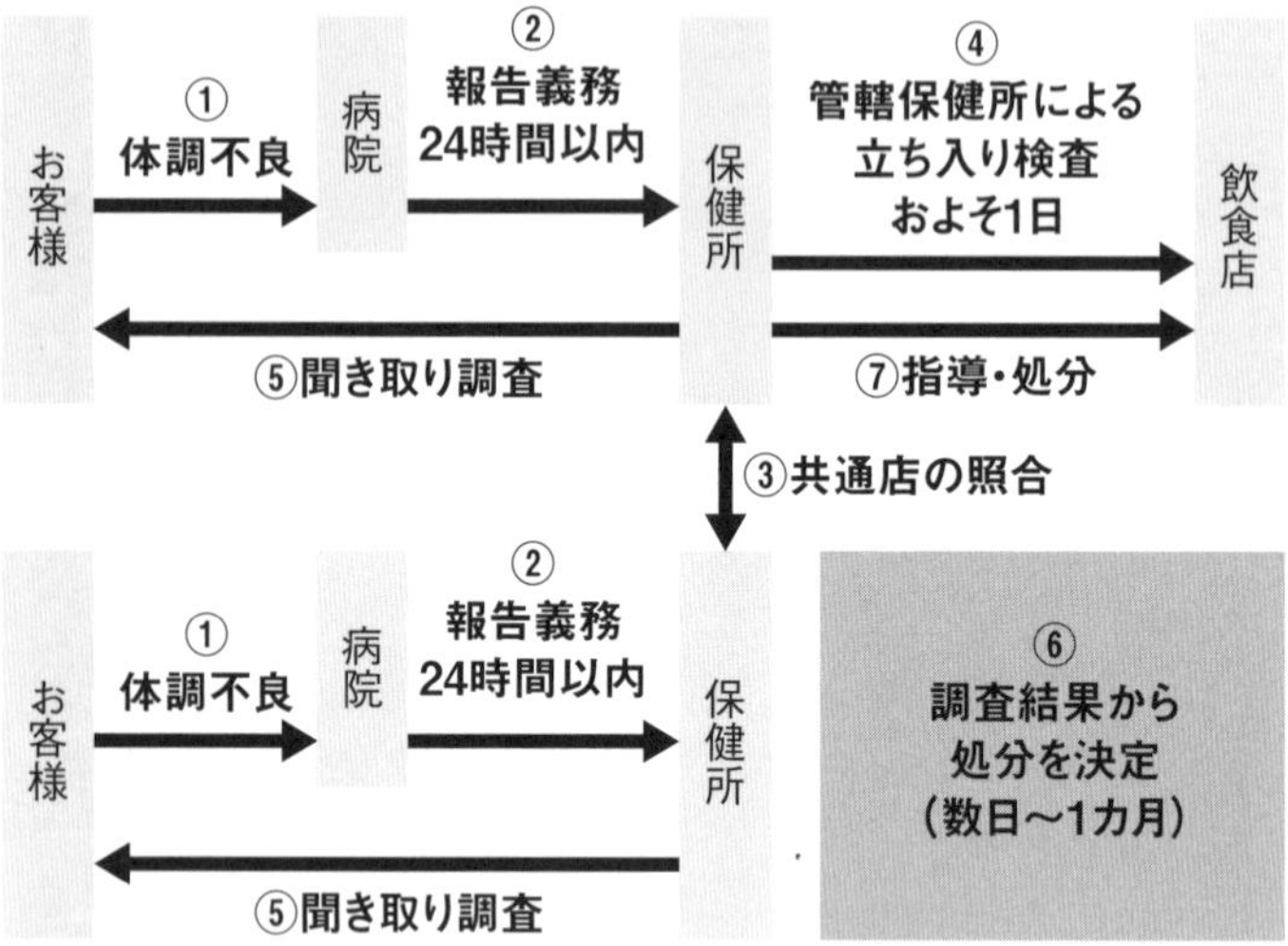

法58条に基づき、24時間以内に保健所へ通知しなければなりません。

③保健所では、患者1人の場合でも病院からの報告に基づき、想定飲食店や会食した相手の住所を管轄する保健所と連携を取り、原因場所の特定を行ないます。

④特定されれば、その飲食店へ出向き、立ち入り検査を行ないます。

⑤立ち入り検査で、菌が検出されない場合もあります。そのときは、食中毒にかかった本人への聞き取り調査なども行なわれます。

⑥その検査や調査の結果より、処分を判断することになります。

⑦そして、その結果は飲食店へ通知され、飲食店は行政処分に従うことになります。

おおよそこのような流れで行政処分が決まるのですが、おそらく飲食店の皆さんが聞きたいのは次のようなことでしょう。

「④の立ち入り検査で菌が検出されないのに、なぜ食中毒に特定されるのですか？」

これは、菌の種類と人数にもよります。例えば、4人が別々のグループでその飲食店を利用したとしても、4人の共通食事と想定食事が一致していたら、確定されます。逆に、2人がカンピロバクターだったとして、その2人が朝・昼・夜と鶏肉を食べていたら「不明」となるかもしれませんが、メニューに「鳥刺し」があり、2人が食べていたらほぼ確定されます。

「営業停止日数は、菌や人数で決まるのですか？」

この営業停止日数を決定づけるのが、保健所の目的と大いに関係するところです。保健所が検査に来たときの最大の焦点は「再発の可能性」です。「出るべくして出た」のか、

「気をつけていたけど出してしまった」のかでも違いがあります。菌によって見方は違いますが、おおよそ次のような観点です。

- 手洗い場に手洗い専用ソープがあるか？　手洗いを推奨するPOPを貼っているか？
- 機材や道具の交差可能性はあるか？（まな板・包丁・布巾・菜箸など）
- 調理場の床・天井・壁は、清潔であるか？
- 消毒スプレーを並行使用しているか？　消毒液や洗剤は、適正か？
- 従業員の身なり、髪の毛・ユニフォームは清潔・適切であるか？
- 食中毒の事実を謙虚に受け止めているか？（反省の色があるか？）
- 保健所職員の注意や指導をまじめに聞き入れているか？（横柄な態度でないか？）
- 冷蔵庫、ガス台、製氷機、食洗器、水道蛇口等の取っ手やコック等の菌残留検査
- 食中毒について学習しているか？

これらの要素を総括して、再発の可能性があると判断されれば行政処分を下し、その期間中に指導・改善を行ないます。これまで見ていただいた通り、たった2人の患者で営業

禁止であったり、50人以上の患者で2日間の営業停止であったりと差があります。

これらの処分の差は、次章で解説するHACCPの実行とおおいに関係ある部分になります。重要なのは、再発の可能性があるかないか、です。

例えば、こんな無処分事例がありました。

2020年3月、とある施設において「サバのオーブン焼き」で30人のヒスタミンによる集団食中毒が発生しました。保健所が立ち入り検査を行なった結果、「ヒスタミンが生成された経路の調査では、当施設でのヒスタミン生成は、施設調理場においての食品の取り扱い状況・調理状況などから考えられない」ということで、無指導・無処分・無公表となりました。30人もの食中毒が発生しているにもかかわらず、です。それほど、この施設の衛生管理が完璧なものだったと言えるでしょう。

保健所の役割と仕組み

行政処分を行なうのは、保健所です。保健所は、地域住民の健康・衛生を支える公的機関のひとつで、業務範囲は、母子・老人保健、災害医療、生活・食品衛生、環境・獣医衛生、医事・薬事衛生と広範囲にわたります。

その中で食中毒の監視は業務の一部となりますが、食中毒患者が出た場合、「地域住人の健康を守るため」に素早く調査し、多くの患者を出さないことを目的として措置を講じることが保健所の最大の役割と責任になります。そのため、行政処分においてもこの目的が大きなポイントになります。

保健所の立ち入り検査は、菌検査や再発可能性を探る検査で、その結果は3段階あります。口頭指導（口頭での指導だけで済む場合）、書面指導（書面にて指導とする書面指導は、保健所ホームページで企業名・店名・代表者名等の開示）、行政指導（営業停止〜営業許可取り消し、ホームページで処分内容の開示）の3段階です。

2021年6月からは、この形が少し変わるでしょう。訪問してきて開口一番に「HACCPに関するマニュアルと検収書を見せてください」から始まる場合が想定されます。万が一、準備していない場合は義務違反となり、行政処分の対象になります。HACCP対応は、食中毒の再発の可能性を見極める重要なポイントになります。行政処分は様々

図22 行政処分の内容

	口頭指導	書面指導	行政処分
内容	・営業自粛 ・衛生面改善	・営業自粛 ・衛生面改善	・営業停止 ・営業禁止 ・営業許可取り消し いずれか
事業者名 食中毒内容 処分内容 指導方法 等の公表	なし	あり	あり
法的強制力	なし	なし	あり
飲食店HACCP (2021年6月以降) ※	実行している	実行している	実行していない

※ HACCP が実行されているかどうかによって、行政の罰則に影響が出る可能性が高い。

な要素が考慮されますが、HACCP(衛生管理計画書や検収書)を実行しているかどうかによって、当然、罰則の結果にも差が出てくるわけです。

保健所の立ち入り検査時点で、せめて過去3カ月ほどの検収書がなければ説得力がありません。したがって、次章で詳述するHACCP対策は、今すぐにでもスタートしておきたいところです。

12 飲食店が気をつけたいアレルギーの基本

食中毒や感染症のほか、飲食店が気をつけなければいけないのがアレルギーです。ここでは、飲食店が注意すべきアレルギーのポイントについて、簡単に説明します。

食物性アレルゲン

飲食業で大事なのは、食物性アレルゲンです。私たちの体には、有害な細菌やウイルスや毒素から体を守る「免疫」というものが備わっています。食物アレルギーは、この「免疫」が本来無害なはずの食べ物に対して敏感に反応し、体に有害な症状が起きることを言います。

小さな子供に多いですが、アレルギーは皮膚粘膜症状（充血・涙目、口内の違和感・腫れ、蕁麻疹）、消化器症状（下痢、嘔吐、血便）、呼吸器症状（くしゃみ、鼻水、鼻づまり、呼吸困難）、神経症状（ぐったり、意識もうろう）、循環器症状（脈が速い、チアノーゼ、血圧低下）、全身症状（アナフィラキシー、複数の臓器に強い症状が現れる）を示すため、食物アレルギー対策として、メニュー表示やホールスタッフがすぐに答えられるようにしておかなければなりません。

アレルゲン表示は、特定原材料7品目（表示義務）と、特定原材料に準ずる推奨21品目、合わせて28品目です。場合によっては重篤な症状につながりかねませんので、しっかりと把握（できればメニュー表示）して説明できるようにしておく責任があります。

●特定7品目：卵、牛乳、小麦、蕎麦、落花生（ピーナッツ）、エビ、カニ
●推奨21品目：アーモンド、アワビ、イカ、いくら、オレンジ、カシューナッツ、キウイ、牛肉、くるみ、ごま、鮭、鯖、大豆、鶏肉、バナナ、豚肉、松茸、桃、ヤマイモ、リンゴ、ゼラチン

飲食店、惣菜店、弁当仕出しは、アレルゲン表示が免除されてはいるものの、お客様の健康に気を使う立場としては、表示することをぜひともおすすめします。

吸収性アレルゲン

吸収性アレルゲンには、室内類（ダニ、ほこり、ペットの毛等）、花粉類（ブタクサ、スギ、アカマツ等）、カビ類があります。

飲食店で意外と盲点になるのが座布団です。座布団を陽に干す飲食店が少ないことには驚きます。座布団はダニの絶好の住まいです。座布団に住み着くダニは、片付けたり並べたりすると宙を舞い、吸い込んでアレルギーを引き起こしたり、皮膚について肌トラブルを招いたりします。

ダニは、秋冬でも活動は鈍りますが生きています。梅雨時期がピークですが、飲食店の座布団は一般家庭よりも湿気が多く、温かい環境のため非常に多くのダニを含んでいます。雄雌のダニ10匹を気温25℃、湿度75％の環境で6週間放置すると、3000匹にまで増えてしまいます。

ダニは、洗濯機に入れても致死率4％程度でしかありません。こまめに掃除機をかけることも必要ですが、一番効率よくダニをやっつける方法は、コインランドリーなどで乾燥機に入れることです。定期的に実行し、食中毒対策と同時にダニ対策も行ない、衛生的なお店を維持することを心がけてください。

接触性アレルゲン

化粧品、衣類、金属、うるし、寝具、洗剤等のほか、香水も接触性アレルゲンの分類に入ります。飲食店で働くスタッフの皆さんが厚化粧、香水を避けなければならないのには、清潔感など印象的なものだけではなく、きちんとした理由が存在するのです。

hygiene management

3章

小さな飲食店でもできる! HACCP対策

hygiene management 1

いよいよスタート！飲食店のHACCP義務化

飲食店のHACCP義務化の背景

２０１８年、15年ぶりに食品衛生法が改正され、**原則すべての食品等事業者に対するHACCPに沿った衛生管理の義務化**が２０２０年6月1日よりスタートしました。1年間の猶予期間があり、完全施行されるのは２０２１年6月1日です。

2章1項でもお伝えしたように、食中毒事件は一時期からすると減少傾向ではありますが、下げ止まりの横ばいというのが最近の状況です。ここで注視すべきは、**事件数でも患者数でも飲食店の比率が高く、常に半数以上が飲食店である**という点です。

厚生労働省が発表した食中毒発生状況を見ると、社会的に食中毒事故がなかなか減らない事実や異物混入などによる製品回収が多いという事実、その半数以上は飲食店で発生しており、個人店なども含めて衛生レベルを上げていかなければいけないという危機意識も背景にあり、今回のＨＡＣＣＰの制度化につながりました。

ＨＡＣＣＰとは、国際的な衛生規格のことです。

もともとＨＡＣＣＰは１９６０年代に、宇宙飛行士用の安全な食品を作るためにＮＡＳＡ（アメリカ航空宇宙局）によって開発された食品の衛生管理手法です。科学的根拠にのっとった工程に従えば、食中毒を防ぐことができるという優れた管理手法です。

その後、この管理手法は、国際的な政府間機関のコーデックス委員会により導入され、現在は世界的に運用され、食品安全管理の国際標準として世界各国や地域が参加、導入が広がっています。日本は、１９６６年に加盟しています。

日本の飲食店におけるＨＡＣＣＰ義務化の背景として、食品の輸出拡大と、それに伴う海外市場との取引に必須の手法となっていることが大きな要因となっています。

さらに、東京オリンピック開催も後押しとなり、日本の食の衛生管理基準が世界的に求められているという背景もあります。

飲食店のHACCPとは？

それではHACCPの管理手法とは、具体的にはどのようなものなのでしょうか？
HACCPとは、Hazard Analysis と Critical Control Point の頭文字であり、「原材料の受入れから最終製品までの各工程ごとに、微生物、化学物質、金属の混入などの潜在的な危害要因を分析・特定（危害要因の分析：Hazard Analysis）した上で、危害の発生防止につながる特に重要な工程（重要管理点：Critical Control Point）を継続的に監視・記録する工程管理のシステムのこと」と、厚生労働省のホームページでは紹介されています。

簡単に言うと、どんな問題が起こりそうかを洗い出して、その問題を引き起こす状況を把握し、継続的にチェックするということになります。

2018年の食品衛生法改正では、HACCPの義務化は「原則すべての食品等事業者」とされていますから、大手飲食チェーンから1人で経営している小さな飲食店まで、規模にかかわらず対象となります。

ただし、HACCPは2種類あり、「**HACCPに基づく衛生管理（大規模な食品工場など）**」と、「**HACCPの考え方を取り入れた衛生管理（小規模事業者）**」に分けられます。以前は前者を「A基準」、後者を「B基準」と呼んでいました。

「HACCPの考え方を取り入れた衛生管理」が適用となるのは、具体的には以下になります。

- 小規模事業者
- その店舗での小売販売のみを目的とした製造、加工および調理事業者
- 提供する食品の種類が多く、変更頻度が頻繁な業種の事業者
- 一般衛生管理の対応で管理が可能な業種の事業者

中華料理店・和食処などの飲食店、食べ物を提供する喫茶店、居酒屋、給食施設や洋菓子店などから、青空市（マルシェ）やビルの片隅でお弁当などを販売している移動販売や露店販売も対象になり、飲食に関わるお店のほとんどと言えるでしょう。

それでは、飲食店のＨＡＣＣＰ義務化に際し、いったい何が必要なのかというと、次の4点となります。

● 一般衛生管理計画書
● 一般衛生管理検収書
● 重要管理計画書
● 重要管理検収書

この4点に加え、飲食店の衛生管理としては、以前より**一般衛生管理マニュアル**の作成が食品衛生法で義務化されていました。しかし、この一般衛生管理マニュアルは、チェーン店や多店舗、または衛生管理意識の高い飲食店しか作成していませんでした。

ですので、ＨＡＣＣＰ義務化に沿った飲食店の衛生管理は、一般衛生管理（計画書・検収書）、重要管理（計画書・検収書）、一般衛生管理マニュアルの5点として捉えればよいでしょう。

●一般衛生管理

一般衛生管理は、厚生労働省で指定されている7項目を中心に進めればよいでしょう。「原材料の受け入れの確認」「冷蔵庫・冷凍庫内の温度の確認」「交差汚染・二次汚染の防止」「器具等の洗浄・消毒・殺菌」「トイレの清掃・消毒」「従業員の健康管理等」「手洗いの実施」の7項目について、それぞれ「いつ」「どのように」「問題があったら」をあらかじめ決めておくことが「一般衛生管理計画書」、それらの毎日チェックするシートを「一般衛生管理検収書」と言います。

●重要管理

重要管理とは、食品媒介による食中毒防止対策です。普段の作業をよく見直して、やってはいけないことに気をつけるべき内容などを書き込んでおくのが「重要管理計画書」、計画書に基づき、実行できているかどうかを毎日チェックするシートを「重要管理検収書」と言います。

例えば、調理スタッフが出勤して、まず何から行なうかというと、肉を切る、野菜を切る、魚をおろすなどの作業があります。ここでは、野菜を切ってサラダベースから仕込むとします。サラダベースを仕込むとき、野菜を洗いますよね。その洗い方が人によって違っていたら、事故の原因につながりかねません。

そこで、サラダベースの場合、「野菜をカットして水洗い3回、流水20分を行ない、消毒したタッパに入れて冷蔵庫保管し、2日以内に使用する」というルールが生まれます。なぜ、3回も水洗いして20分も流水にさらすのかというと、野菜に付着している動物菌の対策のためです。仕込みや調理を大分類で、非加熱・加熱・再加熱に分けて、食中毒対策ポイントを取りまとめていくのが重要管理計画書です。この重要管理計画書を作成するにあたり、食中毒の特徴を知っておかなければポイントがわかりません。本書の2章では、そのために必要な知識を紹介しています。

重要管理計画書は、普段の調理場での作業を誰が行なっても「安全」が保てるように作成しておくものです。左側に作業を書き上げて、右側に食中毒対策のポイントを書き上げれば、計画書ができあがります。検収書（チェック表）は、ペーパーやアプリなどお店で使いやすいものを使用してかまいません。ただし、アプリを使用する場合は、まず計画書と検収書を作成してからでないと活用できない、ということを理解しておきましょう。

●一般衛生管理マニュアル

一般衛生管理マニュアルは、手洗い方法、器具洗浄・消毒方法、トイレの清掃方法、トイレの嘔吐処理方法、冷蔵・冷凍庫の整理整頓方法、清掃方法などが一般的でした。ところが、新型コロナウイルスの流行により、どこの飲食店でも感染症対策として拭き取り・清掃意識が一気に高まりました。そのため、マニュアルがなくてもやっている飲食店が多いと思います。

これを機会に、お店の一般衛生管理マニュアルを、感染症対策も含めた内容に仕上げてみてはいかがでしょうか。感染症対策は、日本の食中毒で患者数№1であるノロウイルス対策にもなりますので、新型コロナウイルスが収束した後にも役立ちます。

努力規定ではなく強行規定

飲食店にとっては食中毒を発生させることは死活問題です。特に最近はＳＮＳなどの浸透によって情報が高速で広がっていく可能性が高いため、いわゆる風評被害の影響が昔と比べて格段に強くなっています。長きにわたって、真面目にコツコツ評判を得て実績を積み重ねてきたものが一瞬にして吹き飛んでしまいかねず、その後の信用回復には相当なエネルギーや努力を要することは明らかです。

飲食店が食中毒を発生させると社会的・道義的責任を負う一方で、行政的責任や刑事的責任、民事的責任も負うことになります。行政的責任は、最大で行政処分という名の下に、営業停止や営業許可の取り消しの可能性があります。

刑事的責任としては、個人の場合、最大で3年以下の懲役、または300万円以下の罰金、法人の場合1億円以下の罰金です。民事的責任としては、不法行為や債務不履行などによる損害賠償責任も負わされることになります。

2

一般衛生管理計画書の作り方

飲食店のHACCP、ポイントは「見える化」

前述したように、小規模の飲食事業者である飲食店のHACCPは、一般的な衛生管理と食中毒を起こすような危険なポイント（温度管理など）を明確にして、その内容を「見える化」することが目的です。そして、見える化した内容を毎日確認しながら記録していき、一定期間保管していくことになります。

具体的な実施項目や内容は後述しますが、例えば、冷蔵庫などに食材を保管するときには、食中毒を引き起こす菌を増やさないために、現場では10℃以下とか5℃以下などで温度設定していると思います。もし、冷蔵庫が故障していて、夏の時期に庫内の温度が30℃

になってしまったら、食中毒を引き起こす微生物やウイルスがかなりの確率で発生していく可能性が高くなります。

このような問題が発生した場合、それ以上の被害を避けるため、対処しなければなりません。そうした事実を記録していくのです。

【一般衛生管理計画書の策定のポイント】

●誰が？
●どのタイミングで？
●どのような方法で？
●何を確認するか？
●問題が生じたときにどのような対応をするか？

このような計画を立て、実行し、その記録を保存していくのが飲食店の衛生管理における見える化です。

誰でもできて保健所も認める一般衛生管理計画書の作成

一般衛生管理計画書は、前述の通り、**①計画の内容→②問題発生時の対応方法→③記録の方法**という構成になっています。その作成方法については、厚生労働省のホームページで各食品団体によるガイドブックが公開されていますので、本書とあわせて参考にしてください（https://www.mhlw.go.jp/stf/seisakunitsuite/bunya/0000179028_00003.html）。

著者が地元の管轄保健所で確認したところ、「できるだけ公的機関等のガイドブックに沿って実施してほしい」との回答をいただきました。本書でも、その内容に沿って、大きな変更や修正、個人的な解釈や意見はできるだけ避けながら解説していきます。

裏を返せば、今回の義務化は、食品の安全の確保のための施策の充実を通じ、国民の健康の保護が最大の目的です。あなたの運営されるお店で自信を持って、保健所が納得することを実施していれば、その様式に縛られることはないとも言えます。

一般衛生管理計画書は次の７つの項目となります。

❶原材料の受け入れの確認
❷冷蔵庫・冷凍庫内の温度の確認
❸交差汚染・二次汚染の防止
❹器具等の洗浄・消毒・殺菌
❺トイレの洗浄・消毒
❻従業員の健康管理等
❼手洗いの実施

以下、各項目について一つひとつ説明していきます。

❶原材料の受け入れの確認

原材料の受け入れの確認が、なぜ必要なのかというと、仕入食品などの病原微生物による汚染や増殖、異物混入などを事前に防止するためです。

そのような防止対策についてどうするのかを決め、問題が発生したときの対応も検討・決定しておきます。

図23　一般衛生管理計画書「原材料の受け入れの確認」

衛生管理計画／原材料の受け入れ　店名			
番号	計画項目	計画実行内容	計画項目
[1]	原材料受け入れ確認	確認時期	・受け入れ時　・使用時&開封時
		注意点	・保管先に移動はできたか?
		確認方法	・外観　・包装の状態　・におい ・期限を確認　・保存方法を確認
		対応方法	・写真を撮る　・仕入先に連絡 ・問題事項記録　・返品　・返品&交換
		その他	・返品または状態を見て廃棄

・確認時期を検討します。通常は食材の受け入れ時です。その他、お店によって異なりますが、梱包物の開封時などになります。

・注意点を考えます。

・確認方法を検討します。概ね図23のような内容になります。

・問題が発生した際の対応方法を検討してください。

・その他、あなたのお店で特に注意していることや注意点以外の記載事項があれば記入します。

図24 一般衛生管理計画書「冷蔵庫・冷凍庫内の温度の確認」

衛生管理計画／冷蔵庫・冷凍庫内の温度の確認　店名			
番号	計画項目	計画実行内容	計画項目
[2]	冷蔵庫・冷凍庫内の温度確認	確認時期	・始業前　・作業中　・業務終了後 ・その他（　　）
		注意点	・温度計の精度を定期的にチェック ・保存している食材の期限も確認
		確認方法	・専用温度計で温度を測る
		対応方法	・原因究明　・温度再調整　・故障なら修理依頼。 ・食材の状態によっては廃棄もしくは加熱して提供
		その他	・各メーカーの一覧も作成しておく

❷冷蔵庫・冷凍庫内の温度の確認

・確認時期を検討します。11時、17時、22時といった具合に時間を決めておくのもひとつの方法です。

・注意点を考えます。温度計の定期的な確認や食材の期限等は必須です。

・確認方法を検討します。多くは冷蔵庫などに設置されていますが、そうでない場合は専用温度計で確認するなどです。

・問題が発生した際の対応方法を検討してください。

・その他の事項としては、各メーカーの一覧を作成しておくと対応がスムーズです。

図25 一般衛生管理計画書「交差汚染・二次汚染確認」

衛生管理計画／交差汚染・二次汚染　店名			
番号	計画項目	計画実行内容	計画項目
[3]	交差汚染 二次汚染	確認時期	・始業前　・作業中　・業務終了後 ・その他（　　　）
		場所	・まな板（調理場）　・包丁（調理場） ・冷蔵庫　・その他
		注意点	・保存用の容器には蓋　・調理用手袋
		確認方法	・見た目（汚れてないか?）　・調理器具などの色分け ・保管状態の確認
		対応方法	・汚染が判明した場合は破棄、もしくは加熱して提供 ・使用前使用時まな板や包丁に汚れ認識の場合は洗浄&消毒
		その他	・調理用手袋の活用

❸交差汚染・二次汚染の防止

・確認時期を検討します。お店によって異なりますが、交差汚染や二次汚染が発生する可能性の高い時間帯としては図25を参考にしてください。

・場所を明確にしておくとよいでしょう。

・お店に応じた注意事項を検討してください。

・確認方法は図25を参考にしてください。

・問題が発生した際の対応方法を検討してください。

・その他、調理用の手袋などの活用。

例えば、魚介類に付着した腸炎ビブリオの感染は一時汚染ですが、その魚介類を調理したまな板に菌が付着した状態で野菜をカットして、野菜が汚染した場合を「**二次汚染**」と言います。

また、トイレで調理者の手にノロウイルスが付着した状態で作業したことで、食材が汚染されてしまうことを「**交差汚染**」と言います。二次汚染と同じような意味だと思っていただいてもよいでしょう。

調理においては、食材に付着した手指や器具から菌の移動が生じます。まな板や包丁の使い分けや下処理と仕上げ用の器具を別にするなど対策を講じることが必要です。例えば、生肉用と生食用を別にしたり、調理場別にするなどです。

また、食材別に分けて保管をします。それが難しいのであれば、冷蔵庫などの保管先で上段と下段の使い分けなどはできると思います。

例えば、肉などが上段だと肉汁が下へ落ちてしまうので、肉類などは下の段に配置するなどです。

図26 一般衛生管理計画書「器具等の洗浄・消毒・殺菌の確認」

衛生管理計画／器具等の洗浄・消毒・殺菌　店名			
番号	計画項目	計画実行内容	計画項目
[4]	器具等の洗浄・消毒・殺菌	確認時期	・始業前　・作業中　・業務終了後 ・その他（　　）
		注意点	・洗剤や消毒&殺菌剤の安全性の確認やメーカー確認
		作業方法	・使用の都度、まな板や包丁、ボウル・器具等の洗浄&消毒
		対応方法	・使用前・使用時にまな板や包丁、ボウル・器具類に汚れを認識した場合はすすぎ洗い、煮沸・洗剤での洗浄・消毒
		その他	・各メーカーの一覧も作成しておく

❹器具などの洗浄・消毒・殺菌

・確認時期を検討します。仕込み後の15時とか営業後の22時など時間を決めておくのもひとつの方法です。

・注意事項としては、例えば洗剤や消毒・殺菌剤の安全性の確認やメーカーの確認をしておくなどもよいでしょう。

・作業方法や問題が発生した際の対応方法は図26を参考にして、自店に合った方法を検討してください。

・その他の事項としては、責任者の最終確認による二重チェックなど。

図27　一般衛生管理計画書「トイレの洗浄・消毒の確認」

衛生管理計画／トイレの洗浄・消毒　店名			
番号	計画項目	計画実行内容	計画項目
[5]	トイレの洗浄・消毒	確認時期	・始業前　・作業中　・業務終了後 ・その他（　　）
		場所	・トイレ部分　・床　・洗面部分 ・トイレ室内すべて　・その他
		注意点	・便座・水洗いレバー・手すり・ドアノブは必須箇所・場合により使い捨て手袋を使用。使用手袋はゴミ袋密封処理
		確認方法	・定期的な時間帯に目視で確認
		対応方法	・汚れなどを発見した場合は洗剤で洗浄と消毒を行なう ・洗浄&消毒後は必ず実行者の消毒も実施 ・声掛け確認共有

❺トイレの洗浄・消毒

・確認時期については、11時、13時、15時、20時など自店で時間を決めておくと習慣化でき、有効です。

・場所については、菌のつきやすい箇所を自店で検討して決めることがポイントです。

・注意事項としては、さらに詳細な箇所を取り決めることをおすすめします。

・確認方法としては目視が一般的です。

・問題があったときの対応方法は図27を参考にしてください。特にスタッフの洗浄や消毒は習慣化するようにしてください。

図28　一般衛生管理計画書「作業員の健康管理・衛生的作業着の着用などの確認」

衛生管理計画／作業員の健康管理・衛生的作業着の着用など　店名			
番号	計画項目	計画実行内容	計画項目
[6]	作業員の健康管理・衛生的作業着の着用など	確認時期	・始業前　・作業中　・業務終了後 ・その他（　　）
		場所	・出社時の着替室　・作業場
		注意点	・使い捨て手袋を着用するときでも手洗いはしっかりする
		確認方法	・作業に入る前に健康状態と怪我をしていないか確認する ・着衣の状態も目視する
		対応方法	・従業員の下痢の報告、事実確認の際には調理作業させない ・手に傷がある場合、耐水性バンドエイドなどを貼ってから手袋をつける　・汚れた作業着を認識した際には交換する

❻従業員の健康管理等

・確認時期については、図28を参考にしてください。

・場所についても、図28を参考にしていただければ十分です。着替室がない場合は、バックヤードなど、できるだけ厨房から離れた場所がよいでしょう。

・注意事項も図28のような内容を自店で検討してください。

・確認方法としては、別に独自の個人衛生チェック一覧表などを作成しているお店もあります。

・問題があったときの対応方法は、図28を参考にしてください。

図29 一般衛生管理計画書「衛生的な手洗いの実施の確認」

衛生管理計画／衛生的な手洗いの実施　店名			
番号	計画項目	計画実行内容	計画項目
[7]	衛生的な手洗いの実施	確認時期	・トイレの後　・厨房に入る前　・盛りつけ前 ・作業内容変更時　・生肉や生魚処理後 ・お金を触った後　・清掃を行なったとき ・その他（　　　）
		注意点	・二度洗いを実施する
		対応方法	・手洗いを怠った者を認識した際には、すぐ手洗いを実施させる
		その他	

❼手洗いの実施

・衛生的な手洗いなどについては、釈迦に説法かもしれませんが、確認時期、注意点、問題があったときの対応方法などについては、図29を参考にしてください。

食中毒防止は手洗いに始まり、手洗いで終わると言われています。衛生的な手洗いの方法については、厚生労働省「食中毒」ホームページ（https://www.mhlw.go.jp/topics/shokuchu/）をはじめ、インターネットやYouTubeで検索するとポスターや動画など、たくさん紹介されていますので、お店に合ったマニュアルを利用してください。

一般衛生管理計画書のまとめ

より詳しい飲食店向け一般衛生管理計画書の書き方は、厚生労働省のホームページ（115ページ参照）で公開されている『HACCPの考え方を取り入れた衛生管理のための手引書』（公益社団法人日本食品衛生協会）に掲載されています。

本書ではこれをベースに、よりシンプルに、自分のお店に合わせて一般衛生管理計画書を作成していただくことを意識していますので、参考にしてください（管轄行政によっては、必ず手引書に従うよう言われる場合もありますので、事前に保健所などに相談されることをおすすめします）。

計画書や記録用紙があるだけでは機能しません。その日々の記録をいつ、どこで、誰が記入するのか。また、その記録をいつ、誰がチェックするのかなどを決めないといけません。管理する項目が多いので、できるだけシンプルに、そして書面などで確認できるようにしておきましょう。

また、計画だけ立派では意味がありません。しっかり機能してこそ価値があります。ですので、本書の計画書の見本を参考に、まずはたたき案を作成して、進めてみてください。本書で紹介している一般衛生管理計画書は、無料でダウンロードしていただけますので、ご活用ください（詳しくは巻末）。

3

一般衛生管理を現場で実践するヒント①

もっと簡単に衛生管理ができる「日めくり管理記録カレンダー」

一般衛生管理計画書の基本については前項の通りですが、やることが多くて不安を感じた方も少なくないと思います。

そこで、もっと簡単に衛生管理のための記録と保存ができる「**日めくり管理記録カレンダー**」をご紹介しましょう。これを使用すれば、求められている日々の管理と記録が楽になり、日々の行動の習慣化も実現できます。

ただし、「日めくり管理記録カレンダー」がＨＡＣＣＰ対策として十分な内容かどうか、保健所によって解釈が異なる場合や、『ＨＡＣＣＰの考え方を取り入れた衛生管理のための手引書』に掲載されている体裁しか認めない可能性もあります。

食品衛生法の立法趣旨や食中毒防止の観点から見れば、現場がしっかり、その趣旨に沿った衛生管理を実施して、そのことを日々記録管理し、問題があったときの対策と対応を記録していれば問題はないはずですが、念のため、皆さんのお店を管轄する保健所に確認してからご使用ください。

一般衛生管理用「日めくり管理記録カレンダー」の記入方法

まず、カレンダーの上部に「冷蔵庫・冷凍庫内の温度の確認」以外の6つの項目が記載されています。ここには前述の各一般衛生管理計画書のチェック項目がコンパクトに記載されています。

例えば、「原材料受け入れ」は、「何時に」という時間帯の項目が3つ並んでいます。ここを受入時や開封時としてもよいですが、時間を特定もしくは記入したほうが習慣化しやすいので、カレンダーでは、例えば、「11時」「17時」「20時」などとします（空欄にしておいて記入していく方法がベストではありません）。

そして、その右の3つの□には確認したことを示すチェックを入れます。□が3つある

図30 一般衛生管理用「日めくり管理記録カレンダー」

年　　　月　　　日　　　曜日　確認した日を記入

原材料受け入れ	手洗い	器具等洗浄・消毒	トイレ洗浄・消毒	従業員健康管理	交差汚染・二次感染
実施 時 □□□ 時 □□□ 時 □□□ その他 □□□	実施 調理前 □□□ WC後 □□□ 作業時 □□□ その他 □□□	実施 調理前 □□□ WC後 □□□ 作業時 □□□ その他 □□□	実施 時 □□□ 時 □□□ 時 □□□ その他 □□□	実施 作業前 □□□ 作業後 □□□ 終了時 □□□ その他 □□□	実施 作業前 □□□ 作業後 □□□ 終了時 □□□ その他 □□□
[問題発生] 現場対応 コメント 梱包破れ 業者に連絡 返品交換	[問題発生] 現場対応 コメント	[問題発生] 現場対応 コメント	[問題発生] 現場対応 コメント	[問題発生] 現場対応 コメント	[問題発生] 現場対応 コメント
責任者確認 衛生太郎	責任者確認	責任者確認	責任者確認	責任者確認	責任者確認

※実用新案登録第3222820号　管理記録カレンダー

のは、1人ではなく複数でチェックした場合に活用してもらうためです。

その他の項目も同様です。「手洗い」に関してカレンダーには調理前・WC後・作業時・その他とありますが、この項目も自店に合わせて変更してください。

次に、カレンダーの2段目以降ですが、ここは何か問題があったときの対応を対応者が箇条書きで記入します。

例えば、原材料の受入時（10時）に「梱包破れ」があった際には、コメント欄に「梱包破れ、業者に連絡、返品交換、衛生太郎」などと書きます。このコメント欄に記入したときは、前述の複数人がチェックする3つの□に赤ペンでチェックをしておけば、後でわかりやすいでしょう（必須ではありません）。

最後に一番下の「責任者確認」欄に店長などの責任者が確認のサインをします。

このような簡単な記載で日々の衛生管理の記録ができ、穴あけパンチで穴をあけてバインダーに綴じるなどすれば、保存できます。保健所から提示を求められたら、このバインダーを出せば立派な記録保存の証拠（検収書）になります。

4 一般衛生管理を現場で実践するヒント②

中小店の一般衛生管理実行のポイント

ＨＡＣＣＰについて、厚生労働省のホームページを読んだ方や保健所に相談に行った方も多いと思います。やさしそうなガイドラインもありますが、いざ取りかかってみるとなかなか前に進めない、やってみたけどこれでいいのかわからないというお店も相当数あることでしょう。

3章2項でお伝えした通り、一般衛生管理計画書は、「原材料の受け入れの確認、冷蔵庫・冷凍庫内の温度の確認、交差汚染・二次汚染の防止、器具等の洗浄・消毒・殺菌、トイレの洗浄・消毒、従業員の健康管理等、手洗いの実施」の項目に対して、「いつ、どのように、問題があったら」をあらかじめ決めておくもので、飲食店によって差はさほどあ

図31 ｜一般衛生管理計画書（例）

<table>
<tr><th colspan="4">一般衛生管理計画書</th></tr>
<tr><td rowspan="3">1</td><td rowspan="3">納入時
確認</td><td>いつ</td><td>原材料の納入時と購入時</td></tr>
<tr><td>どのように</td><td>外観、におい、包装状態、期限（製造年月日・賞味期限）、保存方法について確認する</td></tr>
<tr><td>問題が
あったら</td><td>返品依頼し、交換する。返品が効かないものは中味の状態を確認し、火を通すもので対処できるもの、まかないで対処できるものを判断する。状態が悪いものは、廃棄する</td></tr>
<tr><td rowspan="3">2</td><td rowspan="3">庫内温度
確認
冷蔵庫
冷凍庫</td><td>いつ</td><td>始業前・業務終了後　1日2回のチェック</td></tr>
<tr><td>どのように</td><td>温度計で庫内温度を確認し、チェック表に表記する（各冷蔵庫温度設定、冷凍庫−15℃以下）</td></tr>
<tr><td>問題が
あったら</td><td>設定温度の確認、内部の整理、フィルター掃除でも直らない場合、業者へ依頼
【出勤時】規定温度以下でない場合、他の冷蔵・冷凍庫へ移し、その冷蔵・冷凍庫を使用しない
• 冷蔵庫内
魚：においで確認、特に内臓のにおい。内臓を取り、身が少しにおう程度なら煮物・お通しへ。明らかににおいが強くダメなものは、廃棄
肉：10℃以上になっていた場合、色や表面を触り、確認する
野菜、冷蔵品：真空パック・缶詰は他へ移す。それ以外のものは、色、におい、状態を見て判断
• 冷凍庫内
肉・魚：本日中に使用するか、状態により廃棄する
冷凍食品:状態を見て、におい、色で判断</td></tr>
<tr><td rowspan="3">3
-
1</td><td rowspan="3">交差汚染
防止
二次汚染
防止</td><td>いつ</td><td>作業中／閉店業務時</td></tr>
<tr><td>どのように</td><td>まな板・包丁・菜箸・布巾のポジション移動をしない
まな板・包丁・菜箸は、使用するたびに水洗いし、1時間に1回の洗浄・消毒
卵を割ったら手洗い徹底
布巾：毎日、まな板：毎日、漂白殺菌を行なう</td></tr>
<tr><td>問題が
あったら</td><td>まな板・包丁・菜箸に汚れがある場合、都度洗浄する</td></tr>
</table>

3-2	器具等の洗浄・消毒・殺菌	いつ	使用前／使用後
		どのように	バット・ボール・ザルは、使用前にスプレー消毒して拭き取る バット・ボール・ザルの使用後は食洗機にかけ、その後乾燥させる その他の器具は、使用後に洗浄し、食洗機に入るものは食洗機に入れる
		問題があったら	使用時に汚れがある場合、濡れている場合、洗浄／スプレー消毒／拭き取りして使用する
3-3	トイレの洗浄・消毒	いつ	営業前
		どのように	マニュアル参照
		問題があったら	営業中にトイレが汚れていたら、サロンを外し、手袋をして、再度洗浄する（マニュアル参照）
4-1	従業員健康管理	いつ	営業前／営業中
		どのように	手洗い、スタッフの体調、手の傷の有無、ユニフォームの汚れ、靴の汚れ等、出勤時に全員のチェックを行なう 体温計（男性用、女性用）で測定し、毎日体温管理を行なう
		問題があったら	体調がすぐれない者は調理場に立たせない、または、早退させるかの判断を随時行なう ユニフォーム・サロンが汚い場合、予備のユニフォームを貸し出す 手の傷がある場合、ゴム手袋着用の指示 熱が37.5℃以上のスタッフは、その場で自宅へ帰し安静させる
4-2	手洗い実施	いつ	出勤時、調理場に入るとき、料理を触る前、ポジション移動時、生肉・生魚・卵を触った後、トイレの後、金銭を触った後、清掃を行なった後、くしゃみの後、手洗い・消毒を行なう
		どのように	手洗い場での「手の洗い方」の徹底、出勤時に責任者のあいさつと手の洗浄チェック 上記タイミングでの自主的手洗い徹底
		問題があったら	上記タイミングで手洗いできていないスタッフへの注意と手洗い実行

りません。

魚を使っていない飲食店であれば、「2. 庫内温度確認」の魚の項目を削除すればよいですし、テナントの飲食店等で自店にトイレがなければ、「3 - 3. トイレの洗浄・消毒」の「問題があったら」の項目は、「スタッフ利用時に汚れや異常が見つかったら管理室へ連絡する」にすればよいでしょう。

132・133ページに掲載したものが、最低ラインの一般衛生管理計画書になります。衛生管理の実施は難しいと感じている個店などは、これを参考にしながら作成してみてください。


一般衛生管理計画書を作成したら、次は実行です。計画したことは、毎日行なわなければなりません。面倒な作業と思いがちですが、事案が発生した都度、メモに書き込む意識で検収書（137ページ参照）に記入することをおすすめします。

一日の終わりにまとめて書こうとすると、問題点を忘れてしまいがちなのと、面倒なので全部「良」に「○」をして終わらせるような結果になります。せっかく立てた計画書なのに、すべて「良」になっているような状態だと、保健所がそれを見たときに「管理不足」と見られてしまいます。
監視の目がしっかりしていれば、すべての項目において毎日「良」というのはありえません。HACCPの考え方は、この厳しい監視の目が原点です。メモ欄が小さければ、はみ出してもかまいません。欄外に記入してもかまいません。**「毎日の記録を行ない、後でその記録を見直したときに、次への対策が見つかる」**、これが基本の考え方です。

なお、最近はスマホで入力・管理できる無償ツールもあります。しかし、**スマホツールを利用すれば計画書や検収書が簡単にできあがるということはありません。**中小店や個店の場合、事案発生の都度、書き込むことがポイントになります。結局は、計画書や検収書をいったん書き上げてから、ツール登録の手順を踏むことになるはずです。

ペーパーをバインダーに挟んで調理場などに置いておくと、事案発生の都度、すぐにメモすることができます。スマホの場合、電源オン→アプリを開く→項目を探す→入力する……と、意外と手間がかかって面倒なのです。中小店や個店では、ペーパーをバインダーに挟んで管理することをおすすめします。

チェーン店においては、入力した内容をデータ化して異常値管理を行なううえでは、スマホツールを利用することも必要かもしれません。しかし、その場合でも、各店舗ごとに記録として出力し、ファイリングしておかなければなりません。保健所の検査が来たとき、「データはサーバー上にあります」という対応では、「それだから現場で見直しができないんですよ」と指摘される事態にもなりかねません。

検収書記録の一例として、飲食店HACCPの一般衛生管理検収書で、魚介・肉の仕入れ状況と野菜の仕入れ状況を5段階評価にするのもおすすめです。仕入れの中で何かひとつでも状態がよくないものがあれば、それを評価・記録するようにするのです。

例えば、魚介肉仕入れ状況で「2」点に○をつけて、メモ欄に「本日の鯵は泊めです」(泊め＝市場で一晩泊まっているもの)などと記入します。野菜も常に鮮度が抜群とは限らず、たまに鮮度が落ちていることもありますので、ここでチェックします。

その他、交差・二次汚染防止、機器・器具洗浄・殺菌、トイレ清掃・消毒、従業員健康管理、営業中手洗い実行は、営業中にチェックするのはどうしても無理という方も多いでしょうから、営業終了時に思い出してチェックします。このときも悪い状況があれば「否」

図32 一般衛生管理検収書（例）

年　月				一般衛生管理検収書				責任者		
	魚介肉 良⇔否	生鮮野菜 良⇔否	他 仕入れ	交差二次 汚染防止	機器器具 洗浄殺菌	トイレ 清掃消毒	従業員 健康管理	営業中 手洗い実施	メモ	記録
1日 曜日	12345	12345	良・否	良・否	良・否	良・否	良・否	良・否		
2日 曜日	12345	12345	良・否	良・否	良・否	良・否	良・否	良・否		
3日 曜日	12345	12345	良・否	良・否	良・否	良・否	良・否	良・否		
4日 曜日	12345	12345	良・否	良・否	良・否	良・否	良・否	良・否		

	営業前後、指定温度以下は☑、指定温度以上は温度表記							−15℃以下は☑、−15℃以上は温度表記				
	冷蔵庫1 4℃	冷蔵庫2 6℃	冷蔵庫3 5℃	冷蔵庫4 5℃	冷蔵庫5 5℃	冷蔵庫6 3℃	冷蔵庫7	冷凍庫1	冷凍庫2	冷凍庫3	冷凍庫4	冷凍庫5
1日	前□ ℃	前□ ℃	前□ ℃	前□ ℃	前□ ℃	前□ ℃	前□ ℃	前□ ℃	前□ ℃	前□ ℃	前□ ℃	前□ ℃
	後□ ℃	後□ ℃	後□ ℃	後□ ℃	後□ ℃	後□ ℃	後□ ℃	後□ ℃	後□ ℃	後□ ℃	後□ ℃	後□ ℃
2日	前□ ℃	前□ ℃	前□ ℃	前□ ℃	前□ ℃	前□ ℃	前□ ℃	前□ ℃	前□ ℃	前□ ℃	前□ ℃	前□ ℃
	後□ ℃	後□ ℃	後□ ℃	後□ ℃	後□ ℃	後□ ℃	後□ ℃	後□ ℃	後□ ℃	後□ ℃	後□ ℃	後□ ℃
3日	前□ ℃	前□ ℃	前□ ℃	前□ ℃	前□ ℃	前□ ℃	前□ ℃	前□ ℃	前□ ℃	前□ ℃	前□ ℃	前□ ℃
	後□ ℃	後□ ℃	後□ ℃	後□ ℃	後□ ℃	後□ ℃	後□ ℃	後□ ℃	後□ ℃	後□ ℃	後□ ℃	後□ ℃
4日	前□ ℃	前□ ℃	前□ ℃	前□ ℃	前□ ℃	前□ ℃	前□ ℃	前□ ℃	前□ ℃	前□ ℃	前□ ℃	前□ ℃
	後□ ℃	後□ ℃	後□ ℃	後□ ℃	後□ ℃	後□ ℃	後□ ℃	後□ ℃	後□ ℃	後□ ℃	後□ ℃	後□ ℃

	課題点があったスタッフ		対処内容
	服装・サロン・爪・手洗い	健康管理上	
1日			
2日			
3日			
4日			
5日			
6日			
7日			

今週の衛生ポイント

にチェックしてメモに書き込みます。

冷蔵・冷凍庫の温度管理は、出勤時と営業終了時に行ない、指定温度より低ければチェック、高ければ温度を書き込みます。

冷蔵庫で一番問題なのが、営業終了時の温度と翌日営業前の温度が高いときです。その場合、一般衛生管理計画書に基づき、アクションを起こします。

「課題点があったスタッフ」欄は、課題点があったスタッフの氏名とその内容、注意や対処を書き込みます。管理の厳しさに基準はありませんが、毎日行なうチェックで気がついたことを記録することが重要になります。

5 重要管理計画書の作り方

重要管理とは？

さて、一般衛生管理計画書の作成が終わったら、次は**重要管理計画書**です。

重要管理点とは、危害要因（生物学的要因：食中毒菌、ウイルス、寄生虫など、化学的要因：農薬、添加物など。物理的要因：異物、放射線など）をなくすか、問題のないレベルまで下げる調理工程上の作業ポイントになります。

全工程に目を光らせて注意する必要はなく、管理上のポイントがあるので、そこを把握して注意しようということです。

例えば、唐揚げを作る全工程の中で、どこをチェックすれば微生物の発生を防げるか？を考えたときには、重要管理点は加熱時の工程ということになります。

『ＨＡＣＣＰの考え方を取り入れた衛生管理のための手引書』では、メニューごとの温度管理に重きを置いて提案しています。つまり、飲食店のＨＡＣＣＰにおいては実務的にできることが限られてくるため、最も重要なものにフォーカスしています。

それは、**微生物のリスク**です。そのため、それぞれのメニューについて微生物のリスクを防ぐための対策を考えていきましょう。

食中毒を発生させない温度と微生物の関係

微生物の対策として最も重要なことは温度管理ということになります（微生物や細菌の詳細については2章を参照）。

ここでは重要管理計画書の作成にあたっての基本をご紹介します。

加熱調理で大事なのは、一般的に食材の中心部を75℃以上で1分以上（ノロウイルス対策は85℃以上で90秒以上）などの加熱を守ることです。そして、冷却では30分以内で速やかに20℃以下（または60分以内に10℃以下など）に温度を下げます。

保管した食材は期限管理を忘れずに行ないましょう。

加熱・再加熱では、表面温度だけではなく中心温度が適正温度に必要な時間に達したかの確認とともに、食材の保存期限は守られているかを確認します。こうしたことを当たり前のこととして習慣づけることで、リスクを大きく減らすことができます。危険温度帯とされる10~60℃の環境で食材を置く時間を最短にすることが大前提です。

以上のように、基本的には加熱によって多くの細菌をやっつけることができます。しかし、2章で触れた通り、加熱して菌は死滅しても毒素が存在する黄色ブドウ球菌などもあります。

メニューはグループに分けて考える

食中毒対策は温度と時間がポイントになりますが、それぞれのメニューは温度管理をする上で大きく3つのグループに分けることができます。

図33 メニューの温度管理3つのグループ分け

グループ①	▶	非加熱のもの
グループ②-1	▶	加熱するもの
グループ②-2	▶	加熱後高温保管するもの
グループ③-1	▶	加熱後冷却して再加熱するもの
グループ③-2	▶	加熱後冷却するもの（常温含む）

グループ❶ 非加熱のもの

加熱をしないメニューの場合、配送は低温輸送が理想ですが、その後の速やかな検品・引き取りが大切です。冷蔵庫での保管は適切な温度管理、器具・食器・野菜などの洗浄・殺菌や盛りつけ作業の際の交差汚染にも注意します。

グループ❷ 加熱するもの・加熱後高温保管するもの

加熱後すぐ喫食、または加熱後に高温保管するメニューの場合、調理工程での加熱時間と温度が重要になります。温蔵保管する工程では、保存温度と時間を事前に決めておく必要があります。

グループ③　加熱後冷却して再加熱するもの・加熱後冷却するもの（常温含む）

加熱と冷却を繰り返す場合、10～60℃（危険温度帯）の状態をできるだけ避けることは必須です。速やかな冷却と十分な加熱が重要です。

このようにどのグループに属するかを分類すれば、それぞれのメニューの温度管理等の対策が立てやすくなります。

多くのお店では、メニューがたくさんあると思います。これらをすべて非加熱のもの、加熱するもの、加熱後高温保管するもの、加熱後冷却し、再加熱するもの、加熱後冷却するもの（常温含む）などに分類するのは大変ですが、この作業は食中毒対策においてとても重要なので、実行する必要があります。

さらに、1つのメニューの中に複数の料理が含まれている場合は、それらを分解して、それぞれをグループ分けする必要があります。

図34 「生姜焼き定食」の中の単品メニュー

「非加熱のもの」「加熱するもの」「加熱後高温保管するもの」「加熱後冷却して再加熱するもの」「加熱後冷却するもの（常温含む）」に分けてみてください。

生姜焼き		**サラダ**	
漬物		**白飯**	
味噌汁		**肉じゃが**	

具体例で考えてみましょう。

ある飲食店の「生姜焼き定食」の中の単品メニューは、次のような構成となっています。

・生姜焼き　・サラダ　・漬物
・白飯　・味噌汁　・肉じゃが

これを、非加熱のもの、加熱するもの、加熱後高温保管するもの、加熱後冷却して再加熱するもの、加熱後冷却するもの（常温含む）に分けてみてください。1つのメニューに複数のおかずやご飯等の単品メニューがありますので、それぞれについて分類する必要があります。

なお、これから分類する正解例は1

00%正解ではありません。お店によって調理方法が異なる場合があるためです。

例えば、肉じゃがの場合、煮立てを提供するお店も、パックで納品し冷蔵したものを冷たいまま提供するお店もあります。また、パックで納品したものを冷蔵しておき、お客様に提供する際に温めてから提供するお店もあります。

今回の例では、パックで納品し冷蔵したものを冷たいまま提供するという設定です。なお、味噌汁は今回のお店では加熱して提供します。

その場合、生姜焼きは加熱して提供するもの（グループ②）で、サラダは非加熱で提供（グループ①）、漬物も非加熱で提供（グループ①）、白飯は、加熱後高温保管して提供（グループ②）、味噌汁は、加熱して提供（グループ②）、肉じゃがは非加熱で提供（グループ①）という具合です。

重要管理計画書は「あいうえお順」で管理する

この生姜焼き定食の例で、「メニューごとに管理するのは大変な作業だ！」と感じた方も多いかと思います。厚生労働省が推奨する『HACCPの考え方を取り入れた衛生管理のための手引書』では、このような分類を紹介していますが、メニュー数が多くなると管理が大変になってきます。

そこで、食品衛生法の目的である食中毒防止という視点に基づき、かつ、厚生労働省が推奨する手法で、できるだけわかりやすく、管理しやすい区分方法をご紹介します。

それが、見たい部分をすぐに見つけられる**「あいうえお順」での管理**です。メニューごとにチェック項目を記載していき、データを分類すれば管理も楽になります。

次ページの「あいうえお順」重要管理の整理は、生姜焼き定食というメニューを非加熱・加熱・加熱後高温保管・加熱後冷却して再加熱・加熱後冷却に区分けした一例です。図では、例えば「非加熱」の単品メニューである「サラダ」ですので、「さ」行の欄になります。

そして、そのサラダは、提供メニューの中の生姜焼き定食に該当するといった具合に右欄に記載しておくと、なお整理しやすいかと思いますが、「非加熱」の単品メニューだけの整理でも、まずは分類することが優先ですので、時間がない場合は、「非加熱」の単品メニューを最低限「見える化」するようにしましょう。

図35 「あいうえお順」重要管理の整理（例）

非加熱のもの				
頭文字	商品名	温度	メニュー名	チェック方法
さ	サラダ	3〜8℃	生姜焼き定食	温度確認。取り出したらすぐに提供。

加熱するもの				
頭文字	商品名	温度	メニュー名	チェック方法
し	生姜焼き（豚肉）	75℃	生姜焼き定食	75℃1分間以上

加熱後高温保管するもの				
頭文字	商品名	温度	メニュー名	チェック方法
は	白飯	60〜70℃	生姜焼き定食	保温機の温度（湯気など見た目）
み	味噌汁	80〜90℃	生姜焼き定食	中心温度で確認

加熱後冷却して再加熱するもの				
頭文字	商品名	温度	メニュー名	チェック方法
に	肉じゃが	2〜6℃ 60〜70℃	生姜焼き定食	冷蔵は温度と保存期間を確認（3日間） 加熱は温度計で70℃1分間

加熱後冷却するもの				
頭文字	商品名	温度	メニュー名	チェック方法
ほ	ポテトサラダ	3〜8℃	生姜焼き定食	調理後すぐに野菜室（B冷蔵庫）に保管

できれば、図35の見本のように、温度帯やチェック方法も追記しておくと、一段レベルの高い重要管理計画書となります。

同様に、グループ②（加熱するもの、加熱後高温保管するもの）、グループ③（加熱後冷却して再加熱するもの、加熱後冷却するもの（常温含む））の5種類に区分して作成します。

温度管理にはいろいろな手法がありますので、自店に合った方法を見つけるための参考にしてください。

6

重要管理を現場で実践するヒント①

重要管理用「日めくり管理記録カレンダー」の活用法

一般衛生管理計画書と同様、重要管理計画書についても、より管理しやすい「日めくり管理記録カレンダー」バージョンを紹介します。これを使用すれば、一般衛生管理計画書と同様に、日々の管理と記録が楽になり、毎日の行動の習慣化も実現できます。

この重要管理用「日めくり管理記録カレンダー」には、『HACCPの考え方を取り入れた衛生管理のための手引書』で衛生管理の部門に入っている「冷蔵庫・冷凍庫内の温度の確認」の項目が入っています。

「重要管理」も「冷蔵庫・冷凍庫内の温度の確認」も、温度管理によって食中毒の主原因である菌を増やさない・やっつけるという点で共通しています。ですから、「冷蔵庫・冷凍庫内の温度の確認」は重要管理計画書とあわせて、整理して記録するほうが効率的なのです。そのため、次ページの図36のような構成となっています。食品衛生法における食中毒防止という趣旨・目的に照らし合わせたとき、記入の場所が違うだけで、なんら問題のない区分だと考えますが、実施する際には、自店の地域の保健所に確認してください。

それでは、重要管理用「日めくり管理記録カレンダー」の記入方法などについて解説します。

まず、図36を見ていただくとわかりますが、冷蔵庫は①から⑤まで、冷凍庫は①と②があります。お店の規模によって、冷蔵庫や冷凍庫の数に違いがあるためです。ですので、冷蔵庫と冷凍庫が1つの場合は、それぞれ1つの箇所に記入すれば問題ありません。

次に、冷蔵庫や冷凍庫内の温度を定期的に測る時間帯を決めます（例えば、10時、12時、17時など）。食材によって冷蔵・冷凍温度に違いがあるはずですが、すべての食材に合わせて温度帯の設定をしてしまうと作業にも影響が出ます。

そこで、**管理基準（CL）**を設定します。管理基準とは、製品の安全性を確保できるか

図36　重要管理用「日めくり管理記録カレンダー」（一部冷蔵庫・冷凍庫内の温度）

年　　月　　日　　曜日　確認した日を記入

冷蔵①温度	冷蔵②温度	冷蔵③温度	冷蔵④温度	冷蔵⑤温度	冷凍①温度	冷凍②温度
時／　℃ 時／　℃ 時／　℃	時／　℃ 時／　℃ 時／　℃	時／　℃ 時／　℃ 時／　℃	時／　℃ 時／　℃ 時／　℃	時／　℃ 時／　℃ 時／　℃	時／　℃ 時／　℃ 時／　℃	時／　℃ 時／　℃ 時／　℃
適・不適	適・不適	適・不適	適・不適	適・不適	適・不適	適・不適
対応内容	対応内容	対応内容	対応内容	対応内容	対応内容	対応内容
責任者確認	責任者確認	責任者確認	責任者確認	責任者確認	責任者確認	責任者確認

非加熱	加熱	加熱後高温保管	加熱後冷却再加熱	加熱後冷却
CL①　℃ CL②　℃ CL③　℃	CL①　℃ CL②　℃ CL③　℃	CL①　℃ CL②　℃ CL③　℃	CL①　℃ CL②　℃ CL③　℃	CL①　℃ CL②　℃ CL③　℃
時／　分間 時／　分間 時／　分間	時／　分間 時／　分間 時／　分間	時／　分間 時／　分間 時／　分間	時／　分間 時／　分間 時／　分間	時／　分間 時／　分間 時／　分間
適・不適	適・不適	適・不適	適・不適	適・不適
CL①　℃ CL②　℃ CL③　℃	CL①　℃ CL②　℃ CL③　℃	CL①　℃ CL②　℃ CL③　℃	CL①　℃ CL②　℃ CL③　℃	CL①　℃ CL②　℃ CL③　℃
時／　分間 時／　分間 時／　分間	時／　分間 時／　分間 時／　分間	時／　分間 時／　分間 時／　分間	時／　分間 時／　分間 時／　分間	時／　分間 時／　分間 時／　分間
適・不適	適・不適	適・不適	適・不適	適・不適
対応内容	対応内容	対応内容	対応内容	対応内容
責任者確認	責任者確認	責任者確認	責任者確認	責任者確認

※実用新案登録第3222820号　管理記録カレンダー

できないかの境目の値（限界値）のことです。魚や肉は４℃以下、青果物は10℃以下、冷凍ものについてはマイナス18℃以下が理想です。

次に、非加熱・加熱＆加熱後高温保管・加熱後冷却再加熱＆加熱後冷却の各項目のチェックです。

こちらも、管理基準（ＣＬ）を設定しますが、冷蔵庫・冷凍庫とは異なり、カレンダー内にＣＬの温度を記載しておきます。食材の変化によってはＣＬの温度の変更が生じる可能性もありますので、記入スタイルにしています。

例えば、非加熱は４℃以下と10℃以下、加熱は60℃、90℃、１２０℃以上といった具合です。そして、温度を測る時間帯と時間を記入します。その他は一般衛生管理計画書と同じように、問題が発生した際の対応内容を記載し、責任者が確認します。

7 重要管理を現場で実践するヒント②

中小店の重要管理実行のポイント

3章6項では、メニューを分解する考え方に基づいた重要管理計画書をご紹介しましたが、「自店では無理だ」と感じた方もいらっしゃるのではないでしょうか？

メニューを分解する考え方は、ナショナルチェーン店では可能かもしれませんが、仕込みウェイトが高い飲食店ほど難しいものです。

そこで、中小店でも実践できて取り組みやすい「作業手順を追いながら作成する方法」をおすすめします。

●重要管理・仕込み

出勤して作業として行なうのがまずは仕込みですね。つまり、重要管理計画書は仕込み作業工程から作成します。例えば、サラダベースでは、「3回水洗いと20分流水」は、野菜に付着している動物菌（腸管出血性大腸菌・サルモネラ菌）の防止策、唐揚げ・焼き鳥の仕込みでは、先入れ先出しで素材の放置を防いで菌（カンピロバクター・黄色ブドウ球菌）の増殖防止、魚の下処理では、入荷日に適切な処理をして、腸炎ビブリオ・アニサキスの防止などについて記入しています。仕込みは、「非加熱仕込み」と「加熱仕込み」に分けられ、加熱仕込みでは冷却方法を具体化してウェルシュ菌の防止を明確にしています。

156ページの図37では、「日付シール」という言葉が記載されていますが、これはセロハンテープを貼って、上からマジックで日付を書くというものです。特別な用具は不要で、何回でも修正が可能です。

仕込みが多い個人店や業態では、仕込み段階での食中毒防止策がとても重要になります。「仕込みもメニューも計画書を作成するのは大変だ」と思いがちですが、これが逆で、仕込み計画書の作成によって、メニューの重要管理計画書がとてもスムーズに進むことになるのです。

●重要管理・メニュー

次は、オーダーが入ってから行なうメニュー調理です。サラダは、ドレッシング別に4種類ありますが、1行にまとめています。サラダで重要なことは、オーダーが入ってからの作業ではなく、仕込みと保管です。一品ものについても特殊なもの以外はまとめて書かれています。

その際の注意点は、交差を防ぐ、保管に気をつけるなどで、「菌を移さない・増やさない」こと。刺身では両面確認（アニサキス防止）、焼き鳥では火の通りの確認（カンピロバクター防止）、卵料理では手洗い確認（サルモネラ菌防止）などに配慮しています。

加熱仕込みを利用する料理については、加熱後冷却提供か再加熱に分かれます。こちらのサンプルでは、再々加熱が行なわれないように（ウェルシュ菌防止）、小分けの工夫がなされています。

食中毒には必ず原因がありますので、その原因となる作業工程をしっかりと押さえておくことが重要になります。「食中毒を防ぐには、食中毒を知ることが重要」と言われる理由がここにあります。料理は、「経験と勘」も重要ですが、安心・安全を裏づけるタイマーや芯温計などの道具は、必須ですね。

図37 ｜重要管理【仕込み】計画書（例）

分類		メニュー		チェック方法
1	非加熱仕込み	野菜他	サラダベース	仕入後、すぐ冷蔵庫。野菜カットしてボール・ザルに入れて水洗い3回、流水20分後ビニール小分けして日付シールを貼り冷蔵庫保管。2日目まで。
			お通しキャベツ	外の葉を廃棄と芯を廃棄、カットしてボール・ザルに入れて水洗い3回、流水20分後ビニール小分けして冷蔵庫保管。2日目まで。
			万能ねぎ	仕入後、すぐ冷蔵庫。処理後タッパを消毒・拭き取り、ペーパータオル敷き入れる（兄貴と混ぜない）。日付シールを貼り冷蔵庫保管。2日目まで。
			大根おろし	仕入後、すぐ冷蔵庫。処理後日付シールを貼って冷蔵庫保管。変色したものは廃棄する（兄貴と混ぜない）。2日目まで。
		肉類	唐揚げ	カットモモ肉を一度水洗いして、ボールで仕込み。タッパを消毒、拭き取る。仕込みごとに新しいタッパを使用し日付シールを貼り、兄貴タッパを上にする。仕込み3日目は、まかないかお通し。
			焼き鳥串	春～秋、冷房口下の涼しい場所で仕込む。30本（バット単位）仕込むごとに冷蔵庫へ保管。当日分バットにラップして日付シールを貼り翌日まで。当日残り分は、マイナス60℃ストッカー保管。
			野菜豚バラ巻	春～秋、冷房口下の涼しい場所で仕込む。30本（バット単位）仕込むごとに冷蔵庫へ保管。バットにラップして日付シールをを貼り翌日まで。当日残り分は、マイナス60℃ストッカー保管。
			豚バラスライス	入荷後、日付シールを貼りマイナス60℃ストッカー保管。
		魚介類	大きめの魚	仕入た日に全体をよく真水洗いし、内臓、脊髄中の血合いを丁寧に落とし、2枚おろして、骨付き側をラップしてバットに乗せて冷蔵庫。丸のまま保管の場合、内臓部分にキッチンペーパーを詰め、湿らせたペーパーで巻き、ラップして仕入れ日の日付シールを貼り保管。
				サク取りする前に、身の柔らかい部分がないか、指で押さえてチェック。
				柔らかい部分は包丁を入れて虫がないかチェック。もし、虫がいたら虫に触れている身の部分をそぎ落とす。
				サク取りしたら、キッチンペーパー、ラップの二十巻きでバット（平皿）に置き、上からラップして保管。サク取りしたものは、2日までに使用する。
			小さめの魚	仕入れた日に良く真水洗いし、捌いた魚を常温にしないために、冷やしてあるバットを使う。
				タッパを消毒・拭き取りキッチンペーパーを敷く。内臓と血合いを取り除いた魚と魚が直接重ならないよう間にキッチンペーパーを敷く。
			ツマ	仕込み中は、冷蔵庫。営業中は、水にさらしておく。
		その他	デザート	ケーキ等は、マイナス15℃冷凍庫保存。
				乳製品は、日付シールを貼り賞味期限を守る。
			ドレッシング類	入荷後冷蔵庫保管。賞味期限を守る。
				タルタルソースは、仕込み後日付シールを貼り冷蔵庫保管。
2	加熱仕込み	冷蔵保管	鶏ガラスープ	火入れ仕込み後、日付シールを貼り冷蔵庫保管。使用する場合、人数分のみ使用する。
			だし巻き卵	仕込み後、ラップして日付シールを貼り冷蔵庫保管（2日目終了時点で廃棄）。
			ポテトサラダ	芽と根を取り除いたジャガイモを使用。青いものは使わない。仕込み後、日付シールを貼り、冷蔵庫保管（3日目終了時点で当日まかない）。
			もつ煮込み	仕込み後タッパに2等分、氷水で素早く冷やし、日付シールを貼り、冷蔵庫保管。3日目まで。
		冷凍保管	焼きおにぎり	手袋着用でおにぎりを作って焼き、冷めたら冷凍保管。

図38 重要管理【メニュー】計画書（例）

分類		メニュー		チェック方法
3	非加熱	サラダ類		冷蔵庫保管のサラダベース小分けボックス（4～5人前）より、オーダー入ってから1人前ずつ提供。
				宴会などの作り置きの場合は、ラップして冷蔵庫保管しておく。
		おしんこ類		盛りつけ直前に冷蔵庫から出して盛りつけて、盛りつけ後はすぐに冷蔵庫にしまう。
				宴会などの作り置きの場合は、ラップして冷蔵庫保管しておく。
		その他一品類		盛りつけ直前に冷蔵庫から出して盛りつけて、盛りつけ後はすぐに冷蔵庫にしまう。
				皿が濡れている場合は、一度水洗い直す。
				菜箸は、缶に水を張り、使用毎に入れる。15分に1回、水を入れ替える。
				仕込んだものが少なくなっても、次の新しいものと混ぜ込まないようにする。
		刺身		刺場で専用まな板、柳包丁を使う。サクから切る場合、カットして裏返して皿に盛り、その時両面をチェックする。
				小さい魚の場合、おろしながら身の状態をチェックする。色や弾力でおかしいものは、使用しない。
				宴会などでは、必要分をカットしてバットにラップして並べ、さらにラップして冷蔵庫保管。提供前に盛る。
		デザート		乳製品は、都度においと味の確認をする。
4	加熱商品（熱いまま提供）	焼き物	焼き鳥	炭で焼く。指で押したり叩いたりなどして、弾力で火の通りを確認する。
			野菜豚バラ巻	炭で焼く。指で押したり叩いたりなどして、弾力で火の通りを確認する。
		揚げ物	唐揚げ	180℃フライヤーで、7分揚げて1分放置、タイマー使用。大きめのサンプリングで芯温75℃確認する。
			フライドポテト	180℃フライヤーで、3分揚げる。アンチョビバター使用の場合、フライパンで絡める。タイマー使用。
			山芋竜田揚げ	180℃フライヤーで、3分揚げる。タイマー使用。
			鯵フライ	180℃フライヤーで、4分揚げる。タイマー使用。
		蒸し物	しゅうまい	冷凍から、蒸し器で11分蒸す。タイマー使用。
		卵使用料理		雑炊・焼き鳥丼・月見ソースつくね等、卵を使う料理に関して、卵を割ったら、手を洗う。
5	加熱後冷却冷たいまま提供	鶏のタタキ		炭で焼き、氷水で〆る。カットして盛りつけ提供。使用した包丁・まな板は、都度洗浄（マニュアル参照）。早めに召し上がっていただくよう伝える。
	加熱後冷却再加熱	もつ煮込み		オーダー入って1人前ずつ、仕込んだもつ煮を鍋にて火入れをし、玉子・豆腐に火が入るまで煮込む。
		だし巻き卵		仕込んだ出し巻き玉子を1人前づつレンジで30秒加熱し、カットして提供。
		焼きおにぎり		仕込んだ冷凍おにぎりをレンジで50秒加熱し、炭で焼いて提供。

【仕込み中の注意点】

●作業中は、素材を直接触らないように、「手袋着用」かトングを使用する

●素材は「放置しない」、計量は「直接乗せない」、タッパは「消毒使用」「混ぜない」を守ろう

●重要管理検収書

ＨＡＣＣＰに沿った衛生管理では、計画書における検収書までが義務化となっています。その検収書は、重要管理仕込みの中での大分類（1．非加熱仕込み、2．加熱仕込み）と、重要管理メニューの中での大分類（3．非加熱調理、4．加熱調理、5．加熱後冷却・再加熱）に分けて日々チェックを行ないます。

「良・否」に分けていますが、何か1つでも問題があったら「否」に○をつけて、コメントを記入します。本来「否」があってはいけないのですが、調理は人が行なう作業ですので、厳しい管理の目で見れば、いくつかの問題点や課題点はあるはずです。

万が一、食中毒が発生して保健所に検収書を見せた場合、すべて「良」では管理能力不足と言えます。ここは、厳しい目でこの記録をつけることをおすすめします。

例えば、「4．加熱」で「否」、メモ欄に「唐揚げのタイマー押し忘れ2回」などと記載し、最下段に「タイマー押し忘れの芯温計を確実に行なう」などと記載します。

記録は、すべて「良」にすることやきれいに書き込むことが目的ではありません。あくまでも計画書通りに実行できているかどうかの業務チェックです。

図39 重要管理検収書（例）

年　　月　　　　重要管理検収書　責任者

	1	2	3	4		5		メモ	記録
	非加熱 仕込み	加熱 仕込み	非加熱	加熱	加熱 保管	加熱 冷却	加熱 再加熱	新メニュー対応 新人新ポジション等	
1日 曜日	良・否	良・否	良・否	良・否	良・否	良・否	良・否		
2日 曜日	良・否	良・否	良・否	良・否	良・否	良・否	良・否		
3日 曜日	良・否	良・否	良・否	良・否	良・否	良・否	良・否		
4日 曜日	良・否	良・否	良・否	良・否	良・否	良・否	良・否		
5日 曜日	良・否	良・否	良・否	良・否	良・否	良・否	良・否		
6日 曜日	良・否	良・否	良・否	良・否	良・否	良・否	良・否		
7日 曜日	良・否	良・否	良・否	良・否	良・否	良・否	良・否		
8日 曜日	良・否	良・否	良・否	良・否	良・否	良・否	良・否		
9日 曜日	良・否	良・否	良・否	良・否	良・否	良・否	良・否		
21日 曜日	良・否	良・否	良・否	良・否	良・否	良・否	良・否		
22日 曜日	良・否	良・否	良・否	良・否	良・否	良・否	良・否		
23日 曜日	良・否	良・否	良・否	良・否	良・否	良・否	良・否		
24日 曜日	良・否	良・否	良・否	良・否	良・否	良・否	良・否		
25日 曜日	良・否	良・否	良・否	良・否	良・否	良・否	良・否		
26日 曜日	良・否	良・否	良・否	良・否	良・否	良・否	良・否		
27日 曜日	良・否	良・否	良・否	良・否	良・否	良・否	良・否		
28日 曜日	良・否	良・否	良・否	良・否	良・否	良・否	良・否		
29日 曜日	良・否	良・否	良・否	良・否	良・否	良・否	良・否		
30日 曜日	良・否	良・否	良・否	良・否	良・否	良・否	良・否		
31日 曜日	良・否	良・否	良・否	良・否	良・否	良・否	良・否		

今週の衛生ポイント

4章

hygiene management

現場で実践!
飲食店の
衛生管理ルール
と徹底

hygiene management 1

今日からできる！　衛生管理①
調理場

感染症と食中毒を意識しよう

「食中毒が発生するのは調理場の責任」、そう思っている方は少なくありません。しかし、昨今のコロナ禍で対策を取ったのは、主にホール側でした。また、食中毒に指定されているノロウイルスは、コロナと同じくウイルスですから、同様にホール側の対策が重要ポイントになってくるのです。

そう考えると、感染症対策は、ホール側の役割も重要だということがわかります。菌やウイルスは、食品そのものについているもの、スタッフが持ち込むもの、外部の業者やお客様が持ち込むものがあります。ホールスタッフが調理場スタッフに感染させることもあります。自分が完璧に対策をしていても、感染させられることがあるのです。つまり、**食**

中毒対策は、ホールと調理場が一体になって行なわなければならないということです。

4章では、ホールと調理場が一体になって衛生管理を行なっていくための具体策についてお伝えしていきます。今日から、すぐにでも実践していただけるヒントばかりです。ぜひ、スタッフ全員で実行してください。

調理場内での食中毒発生を徹底的に防ぐ

「食中毒を出すのは時間の問題」と思える飲食店には、共通点があります。それは、調理場がとにかく清潔でないということです。

ショーケースの取っ手やレールが黒い、冷蔵・冷凍庫の取っ手が汚れでザラザラしている、冷蔵庫の底に汁がこびりつき、扉のパッキンには黒い汚れが溜まっている、冷蔵・冷凍庫やフライヤーの下が汚れており、ほうきでひとかきすれば、ビニール・ビールの栓や折れた割りばし、いつ落ちたかわからない食材の一部などが出てくる……。

もし、この世にウイルスや菌が見えるメガネがあるとしたら、そのようなお店では、ウイルスや菌が空気中を舞っている様子が間違いなく見えるはずです。ウイルスや菌は目に見えないから衛生管理が徹底されないとも言えますが、何より、汚いお店は汚さに慣れてしまっているのでわからないのです。

多くの調理場を見てきた人は、そのような現場に出会うと、危険な匂いや色を感じ取ります。保健所が立ち入り検査を行なうときは、おおよそ残留菌の検査箇所は決まっており、黄色ブドウ球菌は、冷蔵・冷凍庫の扉取っ手やガス台のコック、レンジやオーブンの取っ手やボタンなどから検出され、サルモネラ属菌は、調理道具に残留しています。

ほとんどの調理場が営業終了時に清掃して終るため、本来、オープン前は拭き取り作業から始めなくてもよいはずですが、これは営業終了時の清掃作業が徹底されていなければ意味がありません。

例えば、**営業終了時の作業と洗浄箇所を一覧にしたチェック表を作成し、冷蔵庫に貼りつけておく**のも効率的な衛生管理の手法です。一つひとつをチェックするのではなく、すべての作業が終わったら「終了チェック」で十分です。

ただし、作業漏れが危害につながるため、注意が必要です。すべての作業を毎日行なうのも大変ですので、曜日や間隔を決めて計画を立て、その計画表に基づいた作業チェック表などを利用するのも衛生・清潔を維持するコツです。

例えば、冷蔵庫の壁や底を拭き取るのは食材が減った週末に、レードルや調理器具で毎日洗浄しないものは週1回、食洗機にかけるなども効果的です。

大きな落とし穴としては、包丁差しのケースの中も汚れています。せめて月に一度は棒ブラシで磨き、いつ食洗機にかけるかを決めておくとよいでしょう。

また、水道のコックにも汚れが溜まってしまいます。汚れが溜まりにくいコックをホームセンターで探し、取り替えることも衛生管理のひとつです。

日々のちょっとした習慣が大事

重要なのは、オープン前だけではなく、**随時、合間を見つけては汚れを拭き取るクセをつけることです**。これは、意識の問題です。意識が低いと調理場はすぐに汚くなります。

それでは、衛生管理の意識はどうやって身につくのでしょうか？　それは、食中毒や感染症について知ることです。肉の表面に腸管出血性大腸菌が付着していて、産生されるべロ毒素が青酸カリの５０００倍の強さだと知っていれば、生肉を触った手をどうするでしょうか？　使ったまな板や包丁をどうするでしょうか？　食中毒の知識があれば、冷蔵庫内の肉汁を放っておくことはありませんね。

鶏肉を調理した給食センターが、３日後に同じ機材でサラダを調理したため、サルモネラ属菌による患者を１５２０人出したという事例がありました。その調理機材からサルモネラ属菌が検出されたことを知っていれば、機材の洗浄・消毒の徹底を怠らなかったでしょう。

本書で食中毒について詳しく書いたのは、皆さんに知識をつけて、意識を高めてもらうためです。

これを念頭に、もう一度、２章を読んでみてください。この本に赤線や付箋がたくさんつき出したら、意識は相当向上し、自店の食中毒防止に役立っているはずです。

今日からできる！　衛生管理②
フロア・トイレの拭き取り

オープン前に拭き取る箇所

店内の拭き取り箇所や、そのタイミングは様々です。

まず、オープン前に拭き取る箇所は、お客様が触るところ、スタッフが触るところに分けて整理整頓するとわかりやすいでしょう。

拭き取りの場合、特にＯＡ機器や電源スイッチなどは、直接スプレーではなく、ダスターにスプレーしてから拭き取りを行ないます。１７３ページの一覧表に記載しましたが、つい抜けやすいのは、次のような箇所です。

①お客様が触るところ（空中階の場合の階段手すりやエレベーターボタン、通路途中の

柱、椅子の背もたれの触る部分、クレジット端末、入り口扉の表側の取っ手など)。
②スタッフが触るところ(POSレジ、オーダーハンディ、電話・FAX、電気・空調スイッチ、音響スイッチ、おしぼり器の取っ手、ドリンクコンク・サーバーコック・ショーケースの取っ手、製氷機の取っ手、トレーの手で持つ部分、栓抜き、ハサミ、スタッフルームの扉の取っ手など)

お客様が帰る都度、拭き取る箇所

お客様がお帰りになる都度、拭き取る箇所としては、まず、直接スプレーして拭き取るテーブル・カウンターがあります。その他にもたくさんあります。

例えば、ダスターにスプレーして拭き取る箇所は、メニューブック、テーブル据え置きの調味料、椅子の背もたれの持つ部分、呼び鈴、お箸ケース蓋、ハンガーなどです。調味料は、直接スプレーすると調味料の中に消毒剤が混入する危険性があります。メニューブックも直接スプレーすると濡れてしまい、ページがくっついてお客様に不快感を与えます。ハンガーも、空気中にスプレーすると隣に座っているお客様にかかってしまいます。

中には、呼び鈴が黒く汚れているお店もありますが、これではお客様、特に女性には抵抗感を抱かれてしまいます。

テーブル設置の調味料類は、毎日洗浄するもの、2日おきに洗浄するもの等を決めて行なってください。ラーメンのトッピングや牛丼のしょうが等の容器は、毎日洗浄が基本です。醤油やソースを別容器に入れて設置しているところは、曜日を決めて食洗機にかけ、中の品質をチェックしてください。

醤油・ソース類は、傷みにくい食品です。特に醤油の賞味期限は、1カ月冷蔵保管のものがほとんどです。味や風味を保つためにも、月末や月初、あるいは2週間に一度と決めて、全部回収して調理場へ回し、新しくすることも大切です。

トイレ掃除

トイレ掃除に使用するダスターは、トイレ専用のものを使用、または流せるペーパーを使用します。しかし、流せるペーパーを使用して便器がつまったという声も聞きますので、流せるペーパーを使用する場合は少量ずつ流すように気をつけましょう。

オープン前のトイレ掃除も重要ですが、1～2時間に1回の点検時にも拭き取り作業を加えておきましょう。

トイレ掃除後に拭き取る箇所としては、扉の取っ手、鍵部分、ウォシュレットボタン、開け閉めする蓋、水洗コック、汚物ケースの蓋、手洗い場の水道コック、洗剤ポンプの触る箇所などがあります。

衛生管理③

今日からできる！マニュアル作成

新人アルバイトでも一目でわかるHACCP対応マニュアルを作る

一般的な衛生管理マニュアルは、飲食店のＨＡＣＣＰ義務化以前から義務づけられていましたが、対応していない飲食店も相当あるのが現状です。３章でもお伝えした通り、飲食店のＨＡＣＣＰ義務化の中には、一般衛生管理マニュアルも含まれると考え、これを機会に作成・実行するようにしてください。

マニュアルはできれば文章だけでなく、写真もあわせて掲載しましょう（次ページ参照）。新人アルバイトでもすぐに仕事がこなせるようになり、誰もが働きやすい環境になります。

図40 一般衛生管理マニュアルの例（拭き取りマニュアル）

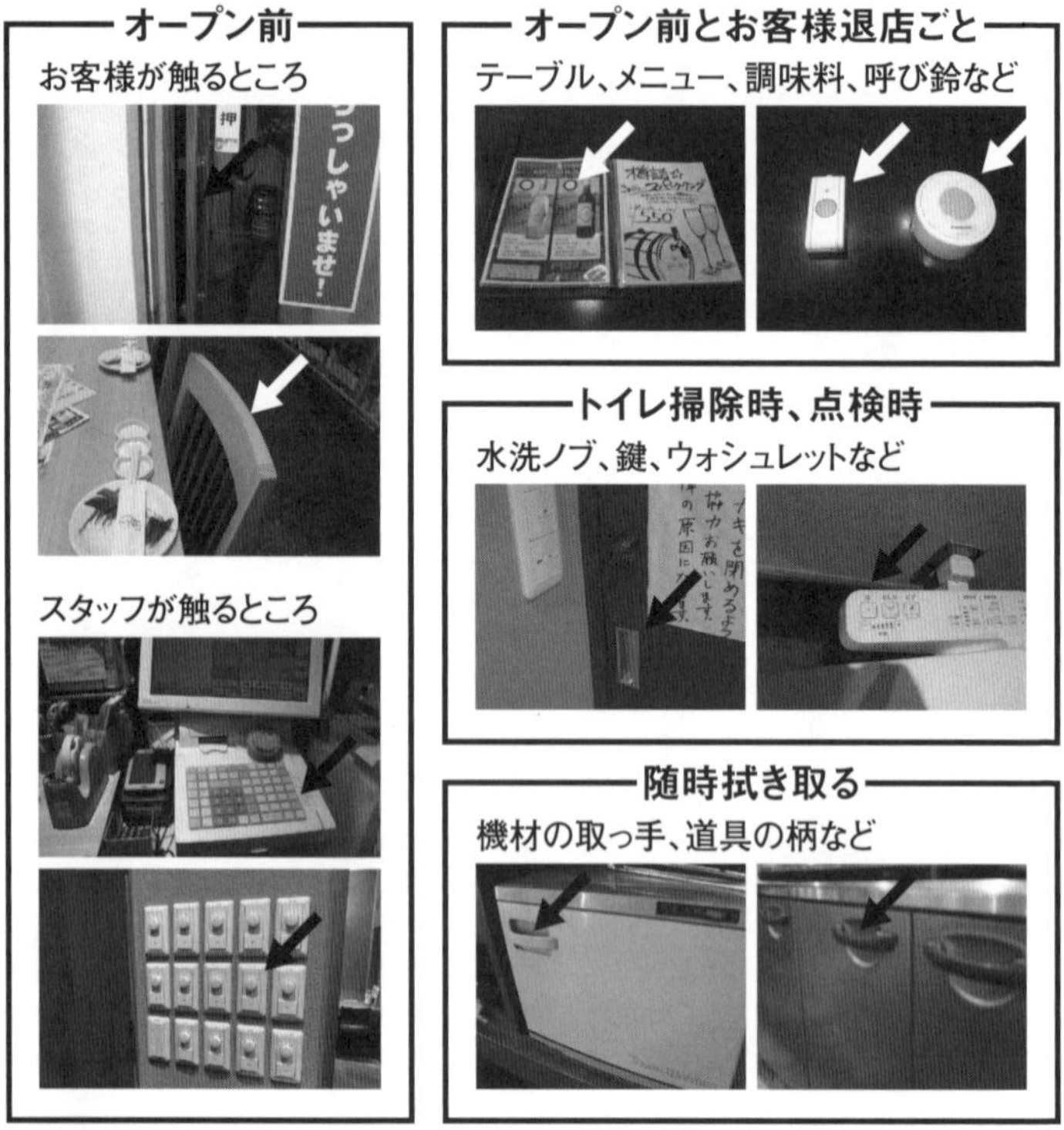

✔ 必要なマニュアルの例

- 拭き取りマニュアル
- トイレ清掃、床清掃マニュアル
- 嘔吐処理マニュアル
- まな板・布巾・包丁等・調理器具の洗浄・殺菌マニュアル
- レンジ・レンジフードの洗浄マニュアル

図41 ｜拭き取りマニュアルの写真撮影のポイント

お客様が触る部分（オープン前に拭き取る箇所）

・エレベーターボタン（開く、閉じる、階ボタン）　・階段手すり、階段壁
・出入り口扉の取っ手（外側・内側）、自動扉のタッチスイッチ
・入り口消毒ポンプの押す部分　・下駄箱扉、鍵　・靴ベラ
・店内手すり、柱、お客様が触る部分　・店内個室扉取っ手（外側・内側）

お客様が触る部分（お客様が帰るたびに拭き取る箇所）

・テーブル　・カウンター　・テーブルチャイム　・椅子の触る部分、背もたれ
・調味料（セッティングして写真を撮る）　・メニューブック　・ハンガー、カバン入れ

スタッフが触る部分（オープン前に拭き取る箇所）

・空調、照明、セキュリティ、音響のスイッチ　・POSレジ、オーダーハンディ
・電話機、子機、FAX、パソコン、プリンター　・テレビのリモコン等
・クレジット端末、ボールペン、伝票刺し等　・バックヤード扉の取っ手（外側・内側）
・ロッカー扉、物入れ戸棚の取っ手　・テーブルチャイム表示機・消し器
・デシャップカウンター　・設置タブレット

トイレ回り（清掃時・点検時に拭き取る箇所、専用雑巾または使い捨てペーパー）

・トイレ扉の取っ手（外側・内側、鍵部分）　・男子小便器、水出しボタン
・大便器の蓋、中蓋　・ウォシュレットボタン　・水洗コック、水洗ボタン
・エアースプレー消臭剤　・汚物ケース　・手洗い場水道コック
・洗剤ポンプ、消毒ポンプの頭部　・ペーパーケース

調理場内（合間を見て随時拭き取る箇所）

・冷蔵・冷凍庫の取っ手　・ショーケース、コールドテーブル、ネタケースの取っ手
・製氷機の取っ手、氷スコップ　・ビールサーバーの取っ手　・生ダルの取りつけ部分
・サワーコンクケースのプッシュ部分　・オーブン、レンジ、コンベクションの取っ手
・ガス台コック　・フライヤーのスイッチ（蓋で隠れている）　・食洗機の取っ手
・炊飯ジャー、湯沸かしジャーのボタン類　・フライパン柄、鍋蓋、鍋の取っ手
・調味料類　・水道コック、洗剤ケース　・サランラップ　・タイマー、芯温計
・レードル　・調理道具（栓抜き、チャッカマン、その他）　・包丁柄
・コーヒーサーバー、ジュースサーバーボタン

✔他に、調理場スタッフが触りそうな箇所があれば、撮影しましょう。
✔できるだけアップ写真を撮りましょう。
✔スマホで撮影する場合、横向きで撮影しましょう。
✔フラッシュや照明をつけて明るく撮影しましょう。

きれいな職場でなければ、スタッフは長続きしませんし、いつまで経っても育ちません。

ほとんどの人は、正しい衛生管理の知識について学校や親から学んできたわけではありませんし、それを教えるテクニックも手探り状態です。そのような中で、ＨＡＣＣＰの基準を満たしたマニュアルは、衛生管理を実行していくうえで大きな役割を果たします。

マニュアル作成の意義

一般衛生管理のマニュアルは、調理器具洗浄・消毒マニュアル、包丁・まな板・布巾の洗浄・消毒マニュアル、嘔吐処理マニュアル、機材故障時の対応マニュアル、トイレ清掃マニュアル、スタッフの健康管理維持マニュアル、手洗いマニュアルなど、飲食店のあらゆる場所、あらゆる場面に必要です。

それでは、なぜマニュアルが必要なのでしょうか？　それは、スタッフによって対応に差が出てしまうこと、そして、その差によって危害が生じるからです。

誰が行なっても同じレベルを保つことができるようにするのがマニュアルです。

コロナ禍によって、オープン前・営業中の店内の拭き取りを徹底する飲食店が増えました。コロナ対策によって、同時にノロウイルス対策もなされています。サルモネラ菌や腸管出血性大腸菌は食品経由だけでなく感染症経由もありえるために、こうした対策を続けていかなければなりません。繰り返しになりますが、感染症対策の拭き取り作業にしても、スタッフによって差があれば、そこから危害が生じてしまいます。だから、マニュアルを作成しておくことが必要なのです。

チェーン店ではできているところが多いのですが、特に個店では「全部俺がやるからマニュアルの必要はない」といってマニュアルを作っていない飲食店が多いどころか、ほとんどではないでしょうか。

しかし、飲食店での衛生管理マニュアル作成は義務なのです。これまでなんとなく独自のルールでやってきたり、店長の頭の中に入っているだけだった自店の「衛生に対する取り組み」について、一度紙に書き出し、整理整頓する意味は大きいものです。

マニュアル化することが、自店の衛生管理の姿勢とも言えます。お客様の健康を左右する飲食業という立場を理解して、積極的に取り組んでいただきたいと思います。

今日からできる！　衛生管理④
スタッフ

服装を注意する前に更衣室の乱れを整えよう

スタッフの更衣室がない飲食店も多いですが、更衣室がある飲食店のうち、整理整頓されて清潔な状態のお店は、全体の2割ほどではないでしょうか。更衣室が汚いのに、制服のことだけガミガミ言っても理にかなっていません。更衣室の乱れは服装の乱れに比例しています。服装を注意する前に、まず更衣室の乱れを直してください。

更衣室の乱れの要素は、貼り紙が破れている、脱いだ靴が散らかっている、壁に落書きがある、壁・天井・床が汚れている、物置になっている、ゴミが落ちている、暗い、体全体が見える鏡を置いていないなどが挙げられます。

汚い更衣室の中で、制服をきちんとして「よし、がんばろう！」とモチベーションを上げられるでしょうか？

きちんとしたお店の姿勢をもって指導しなければ、説得力はありません。これは、有能な新人スタッフが辞めていく原因にもなります。まずは、更衣室をしっかり整えることから始めてください。

スタッフの服装の注意点

ナショナルチェーン店のスタッフは、スタッフの服装がしっかりしています。それは、「教育」がなされているからです。スタッフの服装が乱れているのは、ドミナントチェーン店、中小店、個店の中でも、企業理念や方針がしっかり示されてないところが多いようです。要は、経営者の衛生観念が弱いところです。

制服は何枚支給するか、何日置きに洗濯するか、お店に出たときの服装チェックは誰がするか、もし適さない服装だったらどうするか等を明文化し、理解して実行させていくのが教育です。

今ではずいぶんと減りましたが、道路でキャッチしている居酒屋のスタッフたちを見ると、服装がきちんとしている人は少ないですね。そのようなお店に、お客様は入店したいと思うでしょうか？　安さに釣られてついていく人もいるとは思いますが、そもそも制服がしっかりしている飲食店は、お客様をお金で釣ろうとしません。

服装が乱れると、衛生管理どころか客単価も下がり、企業衰退につながります。逆に服装がしっかりしているお店は、客単価も上がり、リピーターも増やしやすくなります。これを機会に、服装マニュアルやルール作りをしっかりと行なってください。

手洗いはスタッフの共通意識が重要ポイント

食中毒は、ほんの小さなきっかけから起きてしまいます。衛生管理のマニュアルはある。手洗い方法も習った。しかし、手から菌が移ってしまう……。これが現実です。

2章4項「腸管出血性大腸菌」でも触れましたが、トイレ後の手につく菌（人糞によるもの）に特に含まれる菌は、健康な状態でもノロウイルス、腸管出血性大腸菌、サルモネラ菌、ウェルシュ菌、黄色ブドウ球菌で、下痢になると、その原因毒素も付着します。

いくら手洗いの重要性を理解して、よく手洗いをしたとしても、それがスタッフ全員の共通意識になり、行動につながっていなければ意味がありません。中には理解不足の人も少なからずいて、その人が触ったドアノブや取っ手、手すりなどから、せっかくきれいにした手に菌がついてしまうのです。お客様と共用する部分などは、なおさらです。

「自分はしっかり洗った」としても、何かを触るたびに菌は付着します。なので、こまめに手洗いしなければならないのです。

5 hygiene management

今日からできる！ 衛生管理⑤
テイクアウト・デリバリー

飲食店営業許可書の範囲で行なうことが重要

最近は、新型コロナウイルスの影響で、テイクアウトやデリバリーへの販路を増やしている方も多いと思いますが、注意すべき点を今一度、確認してください。

テイクアウト（持ち帰り）とデリバリー（出前）の定義は、店内で提供する完成された料理を「持ち帰る」あるいは「出前する」行為です。テイクアウト・デリバリー用に特別にメニューを増やしたりするときは、**飲食店の営業許可書以外にも許認可が必要な場合があります。**

例えば、餃子弁当のテイクアウトはＯＫですが、焼いた餃子を冷凍にして、真空パックにして販売する場合には「食品冷凍業または冷蔵業の許認可」が必要になるためＮＧです。洋食レストランで、デザートのロールケーキだけを販売する場合、「菓子製造業の許認可」が必要になりＮＧです。ただし、デザートのロールケーキが弁当の中に1かけら入っている場合は、ＯＫです。

テイクアウト・デリバリーで必要な許認可は、主に次の通りです。

- **刺身**……魚介類販売業許認可（海鮮丼や弁当などご飯類と一緒ならＯＫ、単品はＮＧ）
- **食肉加工品**……食肉販売業許認可（生肉はＮＧ。単品のハム・ソーセージ・ベーコン・コンビーフ・焼き豚・ローストチキン・食肉50％以上含むハンバーグは持ち帰り弁当の一部であればＯＫ）
- **できた料理を真空パックして「冷凍」または「冷蔵」して販売**……食品の冷凍業許認可または冷蔵業許認可（スープや煮込み、カレーなどの液体の多い料理を真空パックにして冷凍・冷蔵で販売するものは、その商品が保存性を持つことになるためＮＧ）
- **自家製パン**……菓子製造業許認可（自家製パンはもちろんのこと、仕入れた食パンで作る自家製サンドウィッチもＮＧ）
- **デザート類**……菓子製造業許認可（お弁当の一部として入る分にはＯＫ）

許認可の範囲はケースによって異なりますので、必ず管轄の保健所に相談してください。

また、テイクアウト・デリバリー時の食品表示については、店頭・店内でのテイクアウトは不要ですが、別の場所で作られた商品には表示義務があるので注意が必要です。もし、不安がある場合は、必ず製造元や保健所に確認しましょう。

食べるまでに時間がかかるリスクを考える

テイクアウト・デリバリーのリスクで一番に考えなければならないのが、**食べるまでの時間**です。すべての細菌に増殖時間を提供することになるため、作り置きしたものは涼しい場所で保管され、2時間以内に食べてもらわなければなりません（ウイルスは、人間の細胞内で分裂増殖します）。

テイクアウト商品を作って陳列に1時間を要したら、本来、できるだけ早く食べてもらいたい商品となります。ましてや、できあがった商品を店頭に積み重ねて並べ、重なり合ったお弁当が温かい状態では、危険度が増してしまいます。直射日光が当たる状況など、もってのほかです。こうした光景を見て、危険を感じる消費者も多いはずです。

作り置きをする場合、店頭には写真を並べておき、商品は冷蔵庫やショーケースに保管しておきましょう。2章でも触れましたが、原因食材に特定されないのが黄色ブドウ球菌の特徴です。黄色ブドウ球菌は、サラダでも焼き物でも何にでも付着します。特に夏場や暖房の効いた室内などで、必ず守っていただきたいことです。

黄色ブドウ球菌は、仕込み段階でも付着すると2章でも説明しました。手や材料、鍋の中が無菌状態というのは、ありえないことなのです。そのリスクを下げるためにも、**仕込みは、必ず手袋を着用する**ことを心がけてください。

弁当業ではそのリスク対策意識が高く、手袋、マスク、帽子を必ず着用しています。製品を作ってからお客様が食べるまで、時間がかかるというリスクを少しでも抑えなければならないという、弁当業の考え方をぜひ取り入れてください。

飲食業では、「下痢したスタッフは、調理場に入るな」という常識がありますが、弁当業では、「同居家族に下痢した人がいる場合、調理場に入るな」が常識です。それほどリスク意識に差があるのです。

また、テイクアウト・デリバリーでは、卵料理に要注意です。半熟の卵は、絶対に入れないようにしてください。また、卵料理の卵を割ったら必ず手を洗うこと。**手袋を着用していても「卵を割ったら手を洗う」**ことを徹底してください。サルモネラ属菌は、非常に強烈です。卵1個で命を落とす悲しい事例もあります。

汁が出るものは、容器を分けることも重要です。汁が容器内を行き来すると、菌の伝播が速度を増します。その汁が温かいものに伝わると、危険性が増してしまいます。温かいものと冷たいものもバランで区切るだけではなく、容器を分けるようにしましょう。

なお、流行りのデリバリーですが、心配なことがあります。配達員の手は、きれいでしょうか？　少なくとも、店内のスタッフよりは、菌に侵されていることは予測できます。デリバリーを利用したお客様は手を洗ってから、その商品の包みを開封して食べると思いますが、開封後にもう一度手を洗う人はあまりいないと思います。デリバリースタッフは、目的地についてバイクや自転車から降りて商品を取り出す前に、まず自分の手を除菌してから商品を取り出すくらいの注意深さがあってもよいと思います。そうすれば、利用者も安心してデリバリーを利用できるでしょう。

衛生に気をつけ真心を込めて作り上げた商品ですから、できれば、お客様の顔を見ながら直接お渡しし、感謝を伝えることで外食のよさを残していきたいですね。

キッチンカーの注意点

新規開業者や、既存事業者の新事業として人気の高いのが、キッチンカーです。

キッチンカーでは、狭い車内での調理や、限られた機材での洗浄となり、衛生面に影響が出てしまうことが注意点です。熱量確保の問題で加熱不十分になったり、給水タンクの水の残量を気にして手洗いや器具洗浄がおろそかになったりしてしまいます。

経験者に相談するなどして、キッチンカー機材に十分対応できるメニュー作りや、調理のオペレーション、洗浄環境の工夫など、衛生管理リスクにしっかり対応することが大切です。キッチンカーの衛生管理の基本は、店舗と同じです。過去にもキッチンカーでの食中毒が発生していることを念頭に置いて、十分注意を払ってください。

今日からできる！ 衛生管理⑥
洗浄・消毒

漂白剤や洗剤は正しい希釈で使うこと

営業終了時の洗浄・消毒は、使用洗剤の希釈についてよく読み、正しい使用法を守ってください。

特に多いのが、漂白剤の使用方法を間違っているケースです。ふきんダスターやまな板を消毒するために、シンクに水を溜めて漂白剤を入れますが、ドバドバと入れすぎる方が多いのです。

野菜などの殺菌で使用する場合は100ppm（3ℓの水に漂白剤5㎖）、調理器具やふきんダスターの消毒の場合は200ppm（3ℓの水に漂白剤10㎖）、まな板の消毒の場合は500ppm（3ℓの水に漂白剤25㎖）で十分です。

漂白剤25㎖は、キャップ1杯です。それを守らずシンクに大量に漂白剤を流し込むスタッフが少なくありません。とてももったいない使い方ですし、濃度が濃すぎてふきんダスターがボロボロになったり、シンクの横に白い漂白剤の結晶が残って取れなくなったりします。

油落とし用洗剤に関しても、原液をそのまま使用している方が多いようです。洗剤の注意書きをよく読み、正しい希釈範囲で使用してください。

確かに、原液のほうがよく落ちるという感覚はありますが、原液であればあるほど洗浄後の洗剤の拭き取りが行ないにくいものです。正しい洗浄、正しい分量で洗剤を取り扱うことも衛生管理のひとつと言えます。

今日からできる！衛生管理⑦
害虫駆除

プロの手を借りて徹底対策を

飲食店において害虫は厄介な存在です。出始めたらあっという間に止まらなくなるゴキブリや、壁をかみ砕いて侵入するネズミにはずいぶんと頭を悩まされていることでしょう。

飲食店では、害虫駆除を行なう義務があると言っても過言ではないほど、重要な対策です。もし、まだ行なっていないということであれば、ゴキブリ駆除はどこに頼んだらいいいのか、飲食店仲間に相談して効果が高い会社を紹介してもらい、すぐに取りかかりましょう。

駆除会社と長年契約してゴキブリ駆除を行なっていても、生き残ったチャバネゴキブリは薬剤耐性がある子孫を増やし、また増えるという体質を持っています。そのような場合は、思い切って会社を変えることも考えたほうがよさそうです。ちなみに、家庭に出没する黒ゴキブリなどには、薬剤耐性があるものは未だ確認されていません。

また、ネズミは本当に厄介ですね。ネズミは、街自体に住み着き、縄張り争いで負けたネズミが店内に逃げ込んでくるそうです（駆除会社から聞いた話です）。粘着テープを仕掛けても、子ネズミは捕まったりしますが、親ネズミは見事に粘着テープを避けて生活します。害虫駆除会社もネズミには頭を抱えているところも多いようです。

ネズミを放置していると、ビールサーバーや冷蔵・冷凍庫の電源コードをかじって故障を起こしたりします。ネズミに関しては、駆除会社だけに頼るのではなく、ネズミを寄せつけない忌避剤や、侵入通路に噴射するスプレー、燻煙タイプなども市販で売っているので、活用してください。

5章

5Sで習慣化！スタッフ全員で取り組む衛生管理

1 hygiene management

目指すのは、スタッフの人間力とお店の場力がアップする衛生管理

飲食店の「引き寄せの法則」とは？

4章でも繰り返し述べてきたように、衛生管理への取り組みは、スタッフ全員で行なうこと、そして継続していく工夫が必要です。

本書でお伝えしてきたワンランク上の衛生管理は、**スタッフの人間力アップとお店の場力アップが最終ゴール**です。

衛生管理の計画と実施のためには、記録する人、記録する人を補佐する人、管理する人、管理する人を補佐する人、様々な応用や工夫などを企画する人、リーダーなど、それぞれが役割を持ったチーム作りが必須です。

そして、チームの力を向上させるためには、スタッフそれぞれの人間力を伸ばすことがカギとなるのです。

個人の力には、大きく分けると3種類あります。

❶知力……料理の知識、マーケティングの知識、接客の知識など、業務を行なううえで必要なノウハウのこと。

❷行力……行動力のこと。いくらいいアイデアを出しても実行力がなかったり、いつまでも時間がかかったりすると、何も変化は起きません。

❸感力……どうやったらお客様は感動してくれるか？　現在のトレンドは？　など、様々な方向にアンテナを張り巡らせ、敏感に感じ取る能力のこと。

あるスタッフは知力に優れ、過去に一流ホテルで学んで身につけたハイレベルな接客の知識や情報、経験があり、接客が得意かもしれません。あるスタッフは感力が鋭く、お客様が不満に思っているときのしぐさについて理解していて、その対応方法や言葉のかけ方を知っているかもしれません。

図42　衛生管理で飲食店が成長する法則

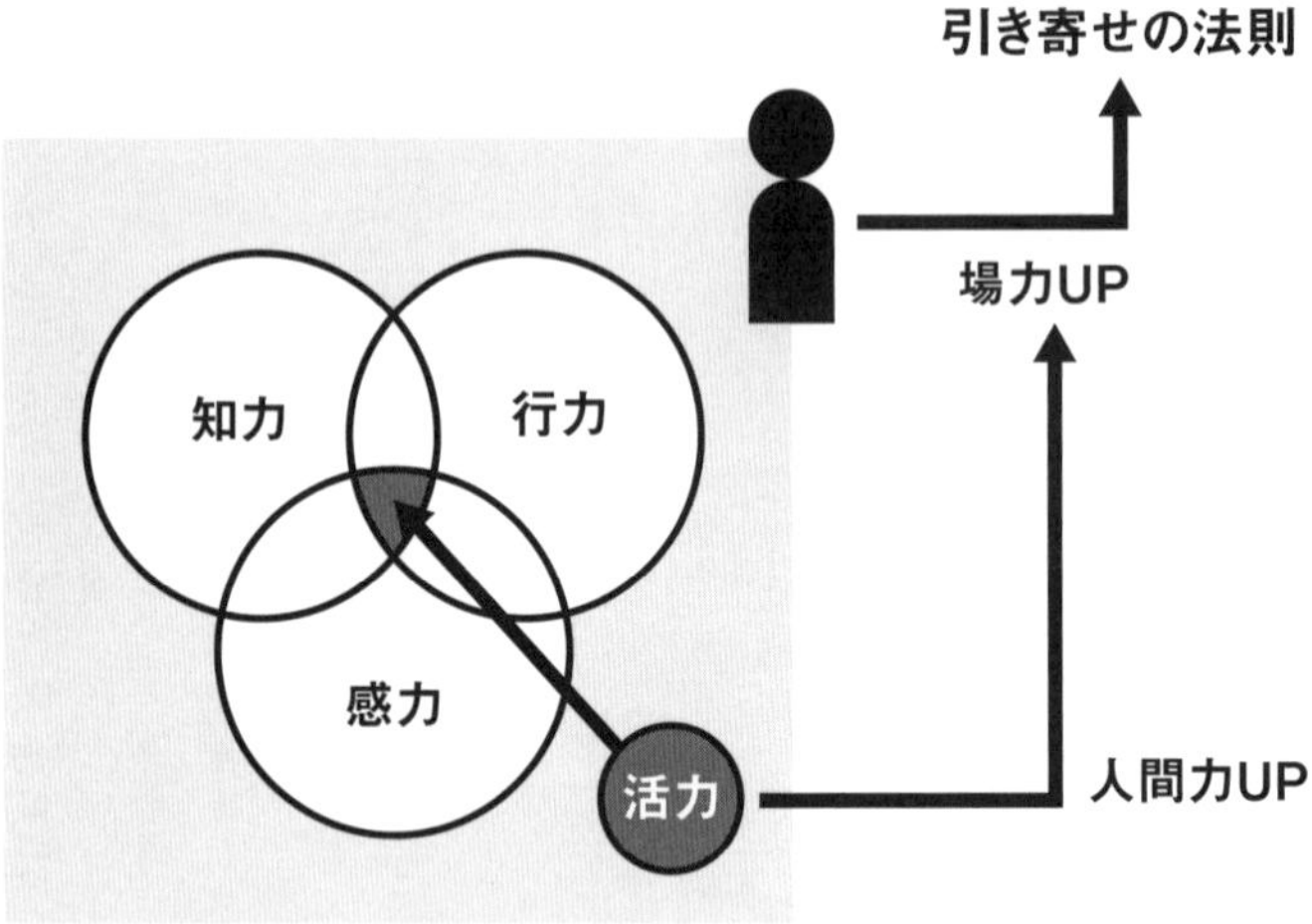

スタッフそれぞれの才能やスキルを理解して伸ばしていけば、チーム全体の力は2倍3倍にもアップして、お店全体の雰囲気、つまり場力が上がっていきます。場力が上がると、お店がプラスの雰囲気にあふれ、「引き寄せの法則」が働くようになります。

そのような意識を持って衛生管理に取り組むことで、衛生管理が「単なる作業時間」ではなく、「スタッフやお店が成長する時間」に変わります。

事例で説明しましょう。A店には店長、店長補佐のスタッフ、厨房スタッフ、外国人も含めた接客スタッフがいたとします（ここではスタッフ数や売上規模は考慮しません）。

このとき、「衛生管理だから」という理由で、厨房スタッフだけで取り組むのではなく、スタッフ全員で取り組む仕組みを作ります（アルバイトやパートスタッフにも加わってもらうのが理想です）。

例えば、衛生管理の「原材料の受け入れの確認」の計画の際には、まず、皆で現状行なっている行動を見える化します。各自に意見を言ってもらうのでもいいですし、各々が付箋に書き出して見せ合う形式など工夫してもいいでしょう。付箋を活用することで、いつも意見を言う人だけではなく、意見や考えがあってもなかなか言えない、言わないスタッフにも意見を聞き出しやすくなりますので、おすすめのミーティング方法です。人の意見は批判しないなどのルールを決めておくのもいいですね。

とにかく、この「**全員で共有して進める**」という工程が重要なのです。


本書ではできるだけシンプルに、実践していただきやすいように衛生管理のノウハウについて説明してきましたが、できれば紹介した方法をそのまま適用せずに、スタッフ全員で掘り下げ、自店独自の衛生管理を実行していっていただきたいと思っています。

このようなプロセスを経て、自分たちで作り上げる衛生管理計画は、「自店独自のバイブル」へと進化するはずです。法律が施行されたから、義務だから……と受け身の姿勢で取り組むのではなく、スタッフ全員の知識や情報、知恵を見える化した結晶となるからです。

衛生管理計画書を作成しているにもかかわらず、メニュー区分などの過程で、メニューの改善なども実際に発生しています。その延長線上に、結果として接客力アップや売上アップがあるのです。

2 食品衛生管理の基本となる5S活動

衛生管理は5Sで改善していく

「5S」という言葉をご存じですか？　言葉通り5つのS、**「整理」「整頓」「清掃」「清潔」「しつけ」**の頭文字です。

食中毒や感染症予防のための衛生管理をどうすれば継続できるのか、その肝となるのがこの活動であり、5Sでの改善です。きれいな職場環境は気持ちよく働くためだけではなく、作業の効率を高め、スタッフのモチベーションにも大きく影響します。それぞれの意味を確認していきましょう。

●整理……必要なモノと不要なモノを分けて、不要なモノを破棄すること

●整頓……必要なモノを必要なときに必要な人がすぐに取り出せる状態にすること
●清掃……決めたルールで定期的に掃除をすること、メンテナンスすること
●清潔……掃除した状態をキープし、異常がすぐにわかるようにすること
●しつけ……決めたルールを守ること、守らせること、習慣のしくみを作ること

例えば、調理台の上に、食材や箱が積み重なっていませんか？

調理を開始するときに、いちいち片付けから仕事をスタートするのは、面倒です。購入した食材はどこに置くのか、明確になっているでしょうか？

人によって置き場所が異なっていれば、探す手間が発生します。ほんの少しの時間でも、そのたびに除菌が必要となりますし、日々の同じ作業であっても、余計な手間やバラツキが発生しているかもしれません。

「整理」は不要なモノを破棄する基準を決めることで、何が必要で、何が不要なのかが明確になりますので、スタッフの判断基準のバラツキが減ります。どんな順番で仕事をするか、どう並べると作業がしやすいか、使う順番、頻度を明確にしなければ整理を推進する

ことはできません。

この効果は、スタッフのモチベーションにも影響し、きちんと整った職場環境はモノを大切にする意識を高め、頭の中が整理されて、品質と生産性向上にもつながります。


また、調味料が足りなくて、補充から始めなければならない……こんなことが頻繁に起こっていませんか？

時間がないときに限って、イライラすることがあります。このイライラするムダな時間で本当の作業の時間が足りなくなるときがありませんか？

3章で解説した図23「原材料の受け入れの確認」などを活用して、保管する場所、補充の頻度、洗浄のタイミングを数値化してルールを決めれば、万が一、置き場所が間違ったところにあっても互いに注意することができます。

また、動線を考えた配置にすることで、ムダな動きを省くことができます。「しるし」をつけることで、誰しもがわかりやすい管理方法となります。ルール作りは、スタッフ全員で取り組むことで、5S改善の最強ツールにもなるのです。

衛生管理や整理整頓なんて、いまさら言われなくてもやっているという声が聞こえてきますが、5S活動は、単に職場がきれいになる、モノが取り出しやすくなるというだけではありません。数値を明確にして、基準を決めることであいまいさを取り除き、働きやすい環境をつくるツールでもあります。

次項から、スタッフ全員で取り組む、飲食店の5S活動について詳しく解説します。

3 hygiene management

5Sで衛生管理を習慣化するヒント① 整理

整理は「不要」の基準を決めること

「整理」とは、必要なモノといらないモノを分けて、不要なモノを破棄することですが、この**破棄の基準を決めておく**ことが大切です。

洗い場のスポンジは、どんなときに捨てていますか？

例えば、「破れたら捨てる」と決めたとします。この破れるというのは、どこがどのくらい破れたかを決めることです。可能であれば、この状態になったら捨てるという見本の写真を貼るのもおすすめです。

そして、どのくらいの時間でどこが破れるかを観察していくと、通常の使い方で破れる時間がわかってきます。この時間がわかれば、スポンジの在庫、必要数がわかります。

そして、注意すべきは、**衛生管理を考えて区分したルールを決めておく**こと。生ものを洗うのを区別する、鍋や油ものを分けるなど、用途に応じたルール設定も必要です。場所や場面によって取り替える頻度が変わりますので、経過観察をして実測することが大切です。

ただし、ポイントが2つあります。

❶ルールを時々見直す

ルールを決めるための実測ですので、稼働時間が少ないときは、基準を変えることが大切です。時々この見直しをしないと、ルールだけが独り歩きして逆に非効率になったり、ムダが発生するので要注意です。

❷場面ごとに取り替えルールを決める

生ものを洗う用とそれ以外で区別する、鍋ごとにスポンジを分けるなど、用途やシチュエーションに応じたルールで基準を決めます。場合によっては、1週間で取り替える必要があるかもしれませんので、とにかく実測してルールを作ることが大切です。

この取り替えの基準が明確になれば、破棄のばらつきが減りますし、在庫管理ができ予算計画を立てられるようになります。破棄基準を決めることは、コスト管理にもつながるのです。

4

5Sで衛生管理を習慣化するヒント② 整頓

整頓は「置き場所の区画線」でモノの配置を決めること

不要品を取り除いた次は、整頓です。**動線を考えて、モノの置き場所を決めることがポイントとなります。**

整頓は、ムリをやめて、ムダを減らし、ムラをなくすことです。ムリな姿勢やムダな動作、人によって処理のムラが発生しないような場所を決めます。

調理器具の置き場所を例に説明します。

調理場で使っている「さいばし」は、どこに置いていますか?

水の入った容器などに数本入れているのをよく見ますが、作業台に出しっぱなしになっていないでしょうか。整頓のポイントは、単に片付ける場所を決めるだけでなく、**調理中の置き場所も決めておく**ことです。例えば、置き場所には、容器に食材別の色テープを貼って、「さいばし」の持ち手部分にも同様に色テープを貼って、同じ色の容器に入れるようにします。また、使用頻度に合わせて、洗浄後にマグネットフックでぶら下げる場所を作ると、「見てわかる管理」になります。

特に、野菜用、魚用、肉用と、調理の途中であっても区別できるようにして、使いやすい動線も考え、一時的な置き場所を決めておきます。

衛生管理の行き届いた職場は、最適な動線を考え、使いやすい工夫もしています。

スタッフそれぞれが自己流にやっていると、作業者によって配置が変わってしまいます。人によって異なれば衛生管理のバラツキにつながりますし、間違いを誘発しかねません。モノの流れや作業手順をスタッフ全員で考えましょう。

そして、調理器具等が必要なとき、すぐ取り出せるような配置を考えます。使い慣れた鍋やフライパンにも収納場所を決め、特に野菜、魚介類などの生もの、肉類など使う用途に分けて整頓することが重要です。

区分けのひと手間を徹底することが衛生管理の基本です。それが手際のよさにつながり、おいしい料理やサービスの提供に注力することができるようになります。

色による区分けは、他の調理器具でも同じ色で揃えると間違えにくくなります。可能であれば、モノと連想できる色を選ぶと間違い防止になります。肉であれば「赤」、野菜は「緑」など連想しやすく、わかりやすい色分けにするのがコツです。

色分けのポイントは、**「人は間違えるもの」を前提に、目で見てわかる整頓のルールを決めること**。できるだけ守りやすく、誰でも継続できるルールにする工夫も必要です。置き場は衛生面を考えて、区画線にも色分けすると管理しやすいでしょう。

ある調理場で、ザルの置き場所を決めたので見てほしいと言われました。確認すると、区画された場所には、様々な色のテープが貼られたザルが重なっていました。これでは使うたびに取り出すのが大変です。

重要なのは、モノ・色で分けて整頓し、いつでも誰でも取り出しやすくすることです。

もしスペースが足りないときは、仕切り板を使って「縦収納」するのがおすすめです。収納棚にも色テープを貼って名前を書き、調理道具の写真を添付することで、わかりやすくなります。

また、使用頻度の少ない修理器具などは、持ち出すときにフックをつけた名札と入れ替えて取り出すルールにすれば、所在が明確になります。特に修理器具が必要になるときは、緊急の場合が多いので、その道具を誰が使用中なのかフックにかかった名札で確認できます。

こうした整頓が習慣になると、必要最小限の道具で共有できるので、調理道具や機器の過剰を防ぐことができます。

5

hygiene management

5Sで衛生管理を習慣化するヒント③ 清掃

清掃は「スタッフ全員」でルールを決めること

清掃とは掃除のことですが、**自らの手できれいにする「手入れ」**でもあります。そのためには、まず汚れを認識すること、汚れの基準を決めて、どのように掃除をするのか、やり方を決めることです。決めたやり方で定期的に掃除し、点検確認します。

まず、エリアごとに担当を決めて、掃除する場所を区分します。そして、誰が、いつ、どのように行なうのかを決めます。例えば、一日の終業時に、清掃方法を決め、清掃後はエリアごとに、3章の図26「器具等の洗浄・消毒・殺菌の確認」で確認します。日常の掃除も頻度別に分けて、週1回、月1回など具体的に、ばらつきが出ないように掃除のやり方を決めます。

また、半年に1回、棚卸しのときには、機器の不具合や日常の掃除の際に気がついていないことを確認したり、設備の保全点検をします。

特に終業時の掃除は、やり方やマニュアルを作っても、日々の忙しさや突発的な対応等で省かれることがあります。掃除のルール作りは、守れないときがあることを前提にして、どうしたら清掃が継続してできる習慣になるのかを考えます。

何より大切なのは**スタッフ全員でルール**を作ることです。各担当の持ち場だからこそわかる、散らかってしまう理由、その対応など、現場の意見を取り入れることが重要です。

また、清掃点検のチェックシート等の記入欄が「レ点」になっていないでしょうか。確かにチェックした証は残りますが、よく確認せず無意識にレ点をつけてしまうといったことが起こってしまいます。

チェックシート等はできるだけ数値を入れるような工夫が必要です。

「○」「×」「レ点」ではなく、例えば「台ふきんは4枚漂白済」「○○が破損している」などと記載するような記入欄を設けます。「○時○分○○さんが確認済」と実際に記入した欄があれば、責任を持って行なうことができます。

hygiene management 6

5Sで衛生管理を習慣化するヒント④ 清潔

清潔のコツは「異常」がすぐにわかること

清潔とは「整理」「整頓」「清掃」が習慣化された状態であり、できるだけ乱れない状態にすることです。

そのためには、乱れてしまう原因を明確にします。なぜ、不要なモノが発生しているのか、なぜ、捨てられないのか、なぜ定位置に置くことができないのか、なぜ汚れてしまうのかを考えて真の要因を探ります。

余計なモノは買わない、入れない、作らないことを確認して、ムダを排除して掃除の手間を省き、掃除した状態を衛生的にキープできるように知恵を使いましょう。

もちろん、日々の掃除でやりきれないことを、週1回の掃除などでリカバリーする方法を組み入れるのもコツです。ルールを作るときには完璧を狙いがちで、つい項目をたくさん入れたチェックシートを作ってしまいますが、大切なことは、**衛生管理が整った状態をどうしたら維持できるか**です。

まずは、簡易なチェックシートを作り、実際に使ってみて、やりにくさはないか、乱れてしまうのはどうしてかを、スタッフそれぞれの立場で意見を出し合いましょう。

お店をもっときれいにするためにはどうしたらいいのか、スタッフ全員で話し合いを続け、衛生的でお客様に愛される店へと、少しずつ進化していくことが大切です。

7 5Sで衛生管理を習慣化するヒント⑤しつけ

しつけは「守る」こと、「守らせる」こと

しつけは、目で見える管理で、言葉を合わせることから始まります。

決めたルールを守るためには、スタッフ全員が納得できているかどうか、理解できているかが重要です。食中毒予防の3原則が重要ということを頭で理解していても、どのように実行すればいいのか、スタッフ全員が同じ価値観、同じ判断基準でできるのかどうか、現地・現物で、同じ判断で徹底できるのかどうかを明確にすることです。

目で見える整理・整頓では、捨てる基準を写真や数字で明確になっているか、定位置が決まっているか、色別、区画線の通りに整頓されているのかを一目で確認できるようにな

っているか。目で見える清掃・清潔では、終業時、「週1」など明確に記載されて、管理者がチェックできるようになっているか。

また、チェックシートは掲示板などに貼って皆に見える状態にしておくことで、互いに確認し合える環境を作っていきましょう。単にできていないことを指摘するのではなく、自然に律し合える関係を築くためのものです。守れないルールや守りにくいものは、見直す必要があります。

注意ポイントは、守れないからやらないではなく、**お客様目線で衛生管理を考えて、今より改善していく流れを作る**ことです。

すべてのスタッフが参加できるようにして、優秀な店舗を表彰したり、ゲーム感覚を取り入れながら、楽しく取り組むことがしつけを徹底させるコツです。

自慢の店作りを実現するためには、衛生ルールを作って、守り、守らせて、スタッフ内に誤解が起きない仕組みにすることです。それが、従業員にとっても安心、安全で快適な職場作りにつながります。

8 hygiene management

スタッフ全員で安心・安全を目指す！衛生管理におけるチーム力

5Sによってチーム力を高めよう

お伝えしてきたように、5S活動は職場で置くモノ、置く場所を約束する活動です。配置が標準化され、全員で取り組むことで、衛生的で働きやすい職場となり、さらに生産性も高まってミスも減ります。

本書で紹介した一般衛生管理や重要管理のシート等を活用すれば、シフトで人が入れ替わっても戸惑いが減り、ミスの防止にもつながります。

「5S活動」を実践・改善・見直しをすることで、衛生管理に対する意識と行動が変わり、衛生管理を遵守しながらも、働きやすい職場を作るチームへと進化していくことができます。スタッフ全員で衛生管理の見える化に取り組んでいきましょう。

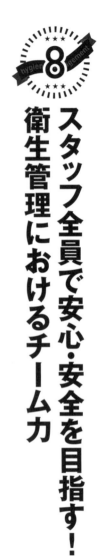

職場がきれいになり、モノが取り出しやすくなるだけでなく、スタッフの行動が変わり、考え方が変わります。ルールから外れた異常値を見える化することで問題のある箇所を発見する力が高まり、お店のチームワーク力が高まります。互いに補完し合えるチームになれば、他社に負けない顧客満足度の高いお店にすることができます。

とかく「衛生管理」と聞くと、大変で、面倒で、「もし何か事故が起きたら、どうなるんだろう」とネガティブに考えてしまうかもしれません。しかし、働く人にとって、安全・安心で楽しく仕事ができたらいいと思いませんか？　スタッフが互いに知恵を出し、どうしたらもっと衛生的で働きやすい店舗になるか、意見を言い合える職場を作っていきましょう。

5Sによる衛生管理の徹底は、スタッフ同士が協力し合うツールにもなります。今よりレベルアップした店舗を目指すための仕組みとして、衛生管理を活用してください。

おわりに

最後まで本書を読んでくださった皆様、本当にありがとうございました。

現在も世界中で猛威を振るっている新型感染症の対策に追われる中で、「どうすればお店を維持できるだろう」「どうすれば売上を作ることができるだろう」「どうすればお金を回すことができるだろう」ということしか考えることができなくなっていました。

目先の対策に追われるうちに夏になり、気温が上昇する中、街中を見渡すと飲食店は生き残りをかけてデリバリーやテイクアウトでの売上獲得に希望を託してメニュー開発に注力し、短期間で新たな事業構築がスタートしていきました。

しかし、炎天下に晒され、店舗の軒先に積み上げられたお弁当を見て、さすがに私もこの状態はとても危険な状況だと気づきました。

そうした環境の中、「これからの時代の・飲食店マネジメント協会（これマネ）」のメンバーミーティングを繰り返すうち、今こそ新型感染症対策、食中毒対策などの衛生管理の習慣化を啓蒙していくチャンスであり、今後の飲食店利用への安心や業績復活につながるのではないかという考えに至り、本書のプロジェクトがスタートしました。

ちょうど2021年の飲食店HACCP義務化のタイミングです。この本で社内の皆さんと一緒に学び、それをきっかけに自店の現在の衛生管理状態の把握や、予測されるリスクの情報共有をぜひ行なってください。

そのリスクのひとつとして、今後は、衛生管理に関して管轄の保健所から指摘が入るケースが予測できます。

日頃から衛生管理に取り組んでいる姿勢を示せる環境が整っている店舗と、何も取り組んでいない店舗とでは、保健所から見たときの印象は異なり、処罰に関しても大きく左右してきます。

書籍での学びも、そうした衛生管理への取り組みのひとつです。

現場に浸透させるのが難しいと感じたり、何から始めればよいのかに悩んだ場合は、「これからの飲食店」シリーズの『これからの飲食店マネジメントの教科書』で社内のチーム作りを促進し、新事業での集客アイデアや柔軟性は『これからの飲食店 集客の教科書』でインプットし、『これからの飲食店 数字の教科書』で無理のない数字計画を実行し、スムーズな事業進行を継続していってください。

おかげさまで、本部・支部での社内勉強会などにも活用していただいているようです。本シリーズをフル活用して、楽しく継続的に学ぶ習慣を身につけることで効果を実感していただけるとうれしく思います。

一般社団法人これからの時代の・飲食店マネジメント協会は、人が育ち定着する組織文化構築や、未来に向けた飲食店プロジェクトを真剣に考えている飲食店を支援しています。

飲食店を取り巻く本格的な苦難はここから始まると思います。

変化する勇気を持ち、知識や経験をシェアしながら、共にこの荒波を乗り越えていきましょう。

最後に、本書の執筆にあたりご協力いただきました、中島孝治さん、神宮司道宏さん、石井住枝さん、プロジェクトスタートより全力で制作に関わっていただき、ありがとうございました。それぞれの専門知識、プロ意識に感動しました。
そして、「これからの飲食店」シリーズを大切に育ててくださっている同文舘出版のプロジェクトチームの皆さん、忍耐強く関わってくださっている戸井田歩さんに心より感謝いたします。

一般社団法人これからの時代の・飲食店マネジメント協会 代表理事　山川博史

著者略歴

中島孝治（なかじま こうじ）

株式会社ナレッジ・ネットワークス 代表取締役。外食産業に特化したIT事業で2001年設立。人材育成のためのeラーニング「レシピアント」を手掛け、現在、ご利用店舗数1200店舗。2003年、外食知識を得るために自ら居酒屋「手羽矢」を開業。33カ月連続前年同月売上対比100%アップを達成。2015年、「手羽矢2号店」オープン。40カ月連続前年同月売上対比100%アップを達成。実際の売上アップを基にした計数管理・繁盛セミナーは全国で過去400回を上回る。2019年、外食産業から撤退し、外食eラーニング「レシピアント」普及と飲食店HACCP完全サポートに専念、食中毒防止ノウハウ等を提供する。著書に『ラストオーダーは稼ぎ時』（商業界）。

神宮司道宏（じんぐうじ みちひろ）

特定行政書士。中央大学法学部法律学科卒業後、三重県で市民法務行政書士事務所を開業。相続・遺言、土地や建物等に関する不動産から、契約書作成等の民事法務、会社設立・支援など、各専門家と連携したワンストップ・リーガルとして幅広く業務に取り組む。2007年より「宅建合格WebCD講座」を開始。2020年6月の食品衛生法改正に伴い、持続可能な飲食店7つのステップを構築、HACCP実施ベースによりコロナ禍でも支援先の対前年比を維持させた。小さな飲食店でも実践できる「日めくり管理記録カレンダー（実用新案登録）」を考案し、普及に努めている。著書に『HACCPを逆利用してガッチリ 持続可能な飲食店になる！』（日本橋出版）、『宅建とるぞー！』（弘文社）など。

石井住枝（いしい すみえ）

カイゼンコンサルタント。トヨタ自動車㈱で役員秘書、社員研修などに携わった後、技術員に転じ、工場の安全衛生、設備安全設計、リスクマネジメントを担当、強い職場づくり・人づくりに成果を上げる。現在は株式会社エフェクト代表取締役として、人財育成、5Sカイゼン指導、メンタルヘルス教育、リスクマネジメント、A3思考術など現場実践の教育を行なう。著書に『トヨタのできる人の仕事ぶり』（中経出版）、『できる人はなぜ、「A3」で考えるのか？』(SBクリエイティブ)など。

監修者略歴

山川博史（やまかわ ひろし）

一般社団法人これからの時代の・飲食店マネジメント協会 代表理事、株式会社オフィスヤマカワ 代表取締役。23歳で飲食業界に入り現場経験を積み、27歳で創業。2年間で5店舗を出店したものの、契約先の経営者が失踪し高額の債務を負う。調達知識もなく資金繰りのために高金利の融資を受けるが、経営は回復せず2店舗を撤退。その後、トラックで残った3店舗へ食材配送しながら店舗再生・活性化を図り、ノウハウとチームビルディングシステムを蓄積。その実績が不動産開発・飲食店展開を行なう企業などから評価され、新規出店や業態開発などのプロデュース件数が増え、出店場所のロケーションを活かした飲食店を東京・大阪を中心に10店舗展開。しかし、2011年の東日本大震災時に経営が悪化し、直営事業の譲渡を決断。本格的にコンサルティング事業に移行し、事業を立て直す。その店舗リスクの経験を活かして企業の事業ポートフォリオ構築、企業本部SVや幹部の遠隔マネジメント人材の育成プログラムを提供している。また、飲食経営者や幹部がコンサルタントとして活動する一般社団法人これからの時代の・飲食店マネジメント協会（これマネ）を設立し、全国100名以上のメンバーが活躍中。著書も多数。

■お問い合わせ
一般社団法人これからの時代の・飲食店マネジメント協会
https://koremane.com/

読者特典
「小さなお店でもできる！　HACCP 日めくり管理記録カレンダー」
☞上記ホームページよりダウンロードしていただけます。

※本特典に関するお問い合わせは、一般社団法人これからの時代の・飲食店マネジメント協会までお願いいたします。
※この特典は、予告なく内容を変更・終了する場合がありますことをご了承ください。

お客様の信頼を生む
これからの飲食店 衛生管理の教科書

2021 年 4 月 28 日　初版発行

著　者 ―― 中島孝治、神宮司道宏、石井住枝

監修者 ―― 山川博史

発行者 ―― 中島治久

発行所　同文舘出版株式会社

東京都千代田区神田神保町 1-41　〒 101-0051
電話　営業 03（3294）1801　編集 03（3294）1802
振替 00100-8-42935
http://www.dobunkan.co.jp/

ISBN978-4-495-54084-5
印刷／製本：萩原印刷　Printed in Japan 2021